Popsongs und ihre Hintergründe

Jochen Scheytt

Jochen Scheytt

Popsongs und ihre Hintergründe

60 Songs
von 1954 bis 2010

Bibliografische Information der Deutschen Nationalbibliothek: Die Deutsche Nationalbibliothek verzeichnet diese Publikation in der Deutschen Nationalbibliografie; detaillierte bibliografische Daten sind im Internet über dnb.dnb.de abrufbar.

© 2020 Jochen Scheytt

Herstellung und Verlag: BoD – Books on Demand, Norderstedt

ISBN: 978-3-750-48775-8

Jochen Scheytt wurde 1966 in Mühlacker geboren. Er studierte in Stuttgart Musik und Anglistik. Seit gut 20 Jahren unterrichtet er am Schlossgymnasium in Kirchheim unter Teck Musik und Englisch. Außerdem ist er als Dozent an der Staatlichen Hochschule für Musik und Darstellende Kunst in Stuttgart tätig. Eine schriftstellerische Tätigkeit für verschiedene Schulbuchverlage rundet sein Tätigkeitsfeld ab. Seit 1999 ist Jochen Scheytt mit seiner eigenen Homepage www.jochenscheytt.de mit Beiträgen zu Claude Debussy, Popsongs, Al Jarreau und der Minstrel Show im Internet vertreten.

Inhaltsverzeichnis

Die 1950er Jahre

Die 1960er Jahre

Die 1970er Jahre

Die 1980er Jahre

Die 1990er Jahre

VI

1997

Dies ist die Geschichte von Ray Heffernan, Robbie Williams und den Ergebnissen einer durchzechten Nacht.

Der Krieg zwischen East Coast und West Coast Rappern,
sein letztes Opfer und die goldene Nase, die sich so
mancher damit verdient

Die 2000er Jahre

2005

Welcher Rockmusiker kann sich Elvis Presleys Einfluss
entziehen? Auch fast 30 Jahre nach seinem Tod wieder
eine Hommage an den King, diesmal von Robbie Williams

2006

Ein ganz und gar unnötiger Song mit einer völlig falschen Message

2009

Die emotionale Hymne auf New York in drei verschiedenen
Versionen

Die 2010er Jahre

2010

Wir fahren mit der Bimmelbahn stark augenzwinkernd nach
New York.

Die gezielte Provokation: Cee Lo Green, youtube und das
berühmt-berüchtigte f-Wort

Die 1950er Jahre

1954

Bill Haley: *Rock Around The Clock*

Die zwei Leben des Rock'n'Roll-Klassikers - vom Party-
lied zum Symbolsong des jugendlichen Aufbegehrens

Als Bill Haley und seine Begleitband, die Comets, 1958 in Deutschland tourten, gab es mächtig Ärger. Schon im Sportpalast in Berlin
hatten Ausschreitungen jugendlicher Konzertbesucher das Konzert
überschattet. Als nächstes verwüstete der aufgebrachte Mob die
Ernst-Merck-Halle in Hamburg. Dem jovialen, stets gut gelaunten,
aber mit der Situation völlig überforderten Haley und seiner Band
blieb nur die Flucht vor diesem überbordenden Vandalismus, der
sich vor der Konzerthalle fortsetzte und erst spät am Abend von
massiven Polizeikräften gestoppt werden konnte.

Es waren nicht die ersten Ausschreitungen dieser Art gewesen. Sie
sollten den Rock'n'Roll auf seinem Weg begleiten und ihm ein nega-
tives Image verschaffen. So bezeichnete das "Neue Deutschland" -
als Organ der DDR natürlich ganz grundsätzlich nicht amerika-
freundlich - Haley damals als *"Rock'n'Roll-Gangster"*, der eine *"Or-
gie der amerikanischen Unkultur"* veranstaltet habe, aber auch der
Cellist Pablo Casals erkannte in Haley's Musik *"ein Distillat aus allen
Widerwärtigkeiten unserer Zeit"* (1)

Dabei konnte Haley gar nichts dafür, dass seine Konzerte für diesen
organisierten Krawall missbraucht wurden. Er war ja auch beileibe
nicht der Archetyp des provozierenden Rockers, der mit seiner Attitüde oder seiner Musik solche massiven Auswüchse mit ausgelöst
haben könnte. Im Gegenteil, Haley war - ohne ihm zu nahe treten
zu wollen - als fast 30-jähriger Familienvater mit seinen karierten
Jacketts und seiner Schmalzlocke sicher der biederste der
Rock'n'Roller der 1950er Jahre. Andere wie Elvis Presley besaßen
das Potential, die Gesellschaft zu spalten, und waren trotzdem nicht

Ziel dieser Attacken. Wie konnte es also dazu kommen?

Der Grund lag nur in einem einzigen Song: *Rock Around The Clock*. Wobei das so nicht stimmt, denn an dem Song selbst lag es definitiv nicht. Denn bei *Rock Around The Clock* handelt es sich um ein harmloses knapp über zwei Minuten dauerndes Liedchen bar jeglichen Aggressionspotentials. Am deutlichsten wird dies, wenn man sich die Filmaufnahmen der damaligen Zeit betrachtet. Bill Haley als rhythmisch wippender Gute-Laune-Garant mit akustischer Gitarre vor einer Riege mitwippender Backgroundmusiker-Musiker, die weder einen musikalischen noch einen gesellschaftlichen Umbruch im Sinn haben. So löste der Song bei seinem Erscheinen im Jahr 1954 folgerichtig auch wenig aus, am ehesten noch das Tanzfieber, das im Song ja auch besungen wird.

Man hatte dem Song auch von Beginn an nichts Besonderes zugetraut. Die Aufnahmesession, für *Rock Around The Clock* begann verspätet, weil Haley und die Band auf einer auf Grund gelaufenen Fähre festsaßen. Als sie endlich im Studio eintrafen, war nur noch circa dreieinhalb Stunden Zeit, die allerdings fast komplett für die Aufnahme eines anderen Songs, *Thirteen Women (And Only One Man In Town)* genutzt wurde. Für *Rock Around The Clock* hatte man nur noch knapp 40 Minuten. Da war es ein Glück, dass die Band den Song schon oft gespielt hatte und die Sessionmusiker schnell in den Song hineinfanden. Der Sessiongitarrist Danny Cedrone spielte in der Not ein Solo, das er schon bei zwei weiteren Aufnahmen genau so gespielt hatte. Nur zwei Takes konnten aufgrund des engen Zeitrahmens eingespielt werden. Da beim Take 1 der Gesang zu leise war, spielte man den zweiten Take mit zurückgenommener Begleitung ein. Beide Takes wurden später von einem Toningenieur zu einer Aufnahme zusammengemischt - eine nicht zu unterschätzende Leistung bei den damaligen Möglichkeiten im Studio.

Auch bei der Veröffentlichung spielte *Rock Around The Clock* (im Übrigen als "Foxtrot" betitelt!) eine zweitrangige Rolle und wurde nur als B-Seite ausgewählt. Auf der A-Seite war der schon erwähnte

Titel *Thirteen Women (And Only One Man In Town)* aus der gleichen Aufnahmesession zu finden. Die Verkaufszahlen waren ganz in Ordnung, aber den Durchbruch schaffte *Rock Around The Clock* bei diesen Startbedingungen nicht.

Wahrscheinlich wäre es auch dabei geblieben, wäre da nicht Peter Ford, der damals zehnjährige Sohn des Schauspielers Glenn Ford gewesen. Glenn Ford spielte eine der Hauptrollen im Film *Blackboard Jungle*, auf deutsch *Die Saat der Gewalt*, der 1955 in die amerikanischen Kinos kam. Dieser Film handelt von einer Gruppe Schüler an einer Schule in der Bronx, die recht gewalttätig gegen Lehrer und System rebellieren. Als der Film abgedreht war, war man immer noch auf der Suche nach einer Titelmusik. Als Regisseur Richards Brooks bei den Fords zu Besuch war, stieß er in Sohn Peters Plattensammlung auf *Rock Around The Clock* und war sich sicher, die richtige Musik gefunden zu haben.

Doch welchen Effekt die Kombination aus Film und Song dann wirklich haben sollte, konnte sich wohl niemand im Vorfeld ausmalen. Denn die Reaktionen waren heftig. Die Revolte von der Leinwand übertrug sich auf die jugendlichen Kinobesucher und schlug auch um in reelle Gewalt, so dass zuerst viele Kinosäle daran glauben mussten. Und auf fatale Weise verknüpften sich diese Gewaltausbrüche fest mit *Rock Around The Clock*. Gleichzeitig aber bescherte dies dem Song eine neue, bisher nicht dagewesene Popularität und sorgte dafür, dass *Rock Around The Clock* 1955 schnell wiederveröffentlicht wurde und sich dann millionenfach verkaufte.

So waren es gut 40 Minuten im Aufnahmestudio, die Bill Haleys Leben prägen sollten. Er machte das beste daraus, wäre er doch ohne *Rock Around The Clock* nicht in die Geschichtsbücher eingegangen. So beklagte er sich Zeit seines Lebens nie darüber, auf diesen einen Titel reduziert zu werden, auf den er sich immer verlassen konnte, wenn eine Show mal nicht so lief. Nicht umsonst nannte er den Song darum sein kleines Goldstück. (2)

Elvis Presley: *Hound Dog*

```
Wissen Sie, was ein "Hound Dog" ist? Nun, ein Basset
Hound mit Zylinder, Hemdkragen und Fliege jedenfalls
nicht...
```

Am 25. Juli 1956 befand sich der 213 Meter lange italienische Luxus-liner *Andrea Doria,* der Genua am 17. Juli verlassen hatte, kurz vor dem Zielhafen New York. Um 23.10 Uhr geschah die Katastrophe. Die *Andrea Doria* kollidierte im dichten Nebel mit dem kleineren Passagierschiff *Stockholm,* das am Mittag von New York aus gestar-tet war. Die *Stockholm* riss mit ihrem Bug ein großes Loch in die Seite der *Andrea Doria,* die von dem eindringenden Wasser schnell Schlagseite bekam. In der nun folgenden Rettungsaktion konnten fast alle Passagiere von der *Andrea Doria* evakuiert werden. Es über-lebten 1660 Menschen das Unglück. 46 Passagiere starben, die meis-ten beim Aufprall der *Stockholm.* Elf Stunden nach der Kollision sank die *Andrea Doria.*

Die Schiffbrüchigen wurden von in der Nähe befindlichen Schiffen aufgenommen und nach New York gebracht. Unter den vielen Menschen, die dort auf ihre Angehörigen und Freunde warteten, befand sich auch der Textdichter Jerry Leiber. Er nahm seinen Freund und Geschäftspartner Mike Stoller und dessen Frau in Emp-fang. Leiber und der Komponist Stoller standen 1956 noch am An-fang ihrer Karriere, sollten aber bald zum einflussreichsten Song-writer- und Produzenten-Duo der 1950er und 1960er Jahre aufsteigen. Mike Stoller erinnert sich an den Moment, als die beiden sich am Kai wiedersahen. Er teilte seinem Kompagnon mit, dass sie mit *Hound Dog* einen Smash Hit gelandet hätten. Dieser fragte nach:

„*'With Big Mama Thornton?' - 'No, some white chap named Elvis Presley' and I said: 'Elvis who??'"* (3)

Stoller war mit seiner Frau auf dem Rückweg von einer dreimonati-gen Europareise und hatte so nicht mitbekommen, dass Elvis *Hound*

Dog am 2. Juli 1956 im Studio aufgenommen hatte, und dass der Song in dieser Version unaufhaltsam an die Spitze der Hitparaden unterwegs war.

Ursprünglich hatten Leiber und Stoller *Hound Dog* schon 1953 geschrieben. Zwei weiße jüdische, damals erst 20-jährige Jungspunde, die sich ausschließlich für Black Music interessierten und trotz ihrer Sozialisierung originäre Rhythm'n'Blues-Songs schreiben konnten. Der Bandleader Johnny Otis hatte die beiden angesprochen, ob sie nicht einen Song für seine neue Sängerin Willie Mae "Big Mama" Thornton schreiben könnten.

In nur ungefähr 12 Minuten (4) hatten die beiden den passenden Song für "Big Mama" geschrieben. Einen Song über einen Hound Dog, in diesem Fall kein Jagdhund, sondern ein unnützer Schürzenjäger, dem Thornton den Laufpass erteilt, weil er ihr etwas vorgemacht hat, sie ausnützt und dennoch immer wieder angekrochen kommt. Ein Song mit sexuellen Doppeldeutigkeiten, die damals im Blues und Rhythm'n'Blues durchaus gang und gäbe waren. Ein Song, der, vom "Lady Bear" gesungen, gehörig Eindruck hinterließ. Und ein Song, der sich erfolgreich verkaufte. Aber auch ein Song, der nur in der schwarzen Gemeinde rezipiert wurde und demnach auch nur in den R'n'B-Charts Platz 1 erreichte.

Für das weiße prüde Amerika war der Songtext nicht geeignet. So dauerte es nicht lange, bis eine entschärfte Variante auf der Bildfläche erschien, die von einem italo-amerikanischen Musiker namens Freddie Bell umgeschrieben worden war. Elvis hörte diese Version von Freddie Bell and the Bellboys und nahm den Song in sein Repertoire auf. Die ursprünglichen Autoren Leiber und Stoller bekamen davon nichts mit.

Über die neue, von sexuellen Doppelbödigkeiten bereinigte, und von einer Sängerin auf einen Sänger umgemünzten Version lässt sich trefflich streiten. Sie löste somit nicht nur beim ursprünglichen Autorenduo Kopfzerbrechen und Kopfschütteln aus, weil sie nicht das war, was die beiden geschrieben hatten, vor allem die Textzeile mit dem Kaninchen (4) löste nicht nur bei Jerry Leiber Kopfzerbrechen und Kopfschütteln aus:

"To this day I have no idea what that rabbit business is about. The song is not about a dog; it's about a man, a freeloading gigolo. Elvis' version makes no sense to me, and, even more irritatingly, it is not the song that Mike and I wrote." (5)

Es ist in gewisser Weise ironisch, dass genau diese von sexuellen Anspielungen befreite Version dann gerade wegen sexueller Anspielungen in die Schlagzeilen geriet. Geschuldet war dies einem Auftritt Elvis' am 5. Juni 1956 in der Milton Berle Show, die von der NBC ausgestrahlt wurde. Elvis spielte zuerst eine anderthalbminütige schnelle Version von *Hound Dog*, um dann, als eigentlich schon Schluss war, doch noch zwei Chorusse in langsamem Tempo anzuhängen. Schon während der schnellen Strophen sprühte Elvis geradezu vor Spiel- und Musizierfreude und legte eine unglaubliche Intensität und Energie in seinen Gesang und seine Bewegungen. Doch im langsamen Schlussteil trieb er die Gestik mit rhythmischen Bewegungen des Unterkörpers noch auf die Spitze, was ihm dann auch den Spitznamen "Elvis, the pelvis", "Elvis, das Becken" einbrachte. Dass vieles davon spontan entstand, und nicht abgesprochen war, kann man den überrascht lachenden Gesichtern seiner Begleitmusiker entnehmen.

Die Reaktionen jedenfalls waren immens und zwiespältig. Die konservativen Kräfte, allen voran die konservative Presse, jaulten, und die New York Daily News sprach von einer anzüglichen und vulgären Vorstellung und einem Animalismus, der in die Spelunken und Bordelle gehört (6), und der Showmaster Ed Sullivan befand Elvis für nicht familienkonform (7). Gleichzeitig schnellten die Einschaltquoten nach oben und Elvis' kometenhafter Aufstieg wurde durch die wütenden Proteste nur noch beschleunigt. So kamen auch Ed Sullivan sowie einige seiner Showmaster-Kollegen nicht umhin, Elvis für ihre Fernsehshows zu buchen.

Aber man ließ Elvis nicht ungeschoren davonkommen. Beim nächsten Auftritt mit *Hound Dog*, diesmal am 1. Juli 1956 in der Steve Allen Show, wurde Elvis genötigt, einen auf einem Sockel sitzenden, mit Zylinder, Hemdkragen und Fliege verunstalteten und belämmert dreinschauenden Basset Hound anzusingen. Nach dieser Demütigung beließ man es bei der folgenden Ed Sullivan Show dabei, ihn bis auf wenige Shots nur noch von der Hüfte aufwärts zu zeigen. Allerdings wäre das nicht nötig gewesen, denn wenn man sich diese Performances anschaut, dann sieht man einen Elvis, der ein reines Pflichtprogramm abspult und geradezu lustlos wirkt. Man kann sich vorstellen, wie sehr er im Vorfeld gebrieft worden sein muss, sich nicht daneben zu benehmen. Wenn man diese Auftritte mit der überbordenden Musikalität vergleicht, die seine ersten Auftritte ausgezeichnet haben, könnte man fast weinen – so wie der *Hound Dog* aus dem Liedtext.

Die 1960er Jahre

1960

Ray Charles: *Georgia On My Mind*

Ray Charles hat den richtigen Riecher, setzt seinen
Sturkopf durch, und behält mal wieder Recht.

Es war im März 1960. Ray Charles war im Aufnahmestudio und
sein persönliches Umfeld erklärte ihn mehr oder weniger für verrückt. Man fragte sich ernsthaft, was er da tat. Ob das sein Ernst
war, oder ob er vielleicht nicht doch an plötzlicher Geschmacksver-
irrung litt. Doch Ray Charles meinte es ernst. Ohne Diskussionen.

Der Stein des Anstoßes war das große Streichorchester, das Ray
Charles mit ins Boot geholt hatte, um die Songs für die neue Langspielplatte aufzunehmen. Rhythm'n'Blues und Streicher? Black
music mit Zuckerguss? Nein, das ging in den Augen aller Beteiligter
damals überhaupt nicht. Doch Ray Charles probierte es aus. Und er
hatte nicht nur den nötigen Sturkopf, um es gegen alle Widerstände
durchzuboxen, er hatte auch die feste Überzeugung, damit einen
neuen Sound und gleichzeitig neuen Trend zu kreieren. Und er
sollte Recht behalten.

Was Ray Charles damals tat, war nicht nur ein geschmacklicher
Tabubruch, es war auch gesellschaftspolitisch gewagt, und es war
ein finanzielles Risiko. Schwarze und weiße Musik waren strikt
getrennt, der Begriff „race records" drückt dies in entlarvender Ein-
deutigkeit aus. Wie wollte man da Erfolg haben, wenn man Elemente aus der weißen Musik mit dem Rhythm'n'Blues mischte?

Für Ray Charles gab es die Grenzen zwischen schwarz und weiß in
musikalischer Hinsicht sowieso nicht. Schon früh hatte er in einer
weißen Country-Band angeheuert, später sollte er beides – Country
und Blues – erfolgreich zusammenführen. Charles hatte schon länger gespürt, dass er etwas Neues machen musste, dass er sich verändern musste, um persönlich und musikalisch weiterzukommen.

Darum vor allem kehrte er 1959 seiner Plattenfirma Atlantic den Rücken und kam bei der viel größeren ABC Paramount unter. Nur dort hatte er die Bedingungen, die er benötigte, um seine Pläne umzusetzen. Wie zum Beispiel das große Streichorchester bei *Georgia On My Mind*.

Schon die Einleitung zum Song ist bemerkenswert. Es ist ausschließlich das Streichorchester zu hören, das von Ralph Burns auf geradezu klassische Weise arrangiert wurde. In gerader Rhythmik und einfacher Melodik, leicht süßlich in hoher Lage beginnend, weist nicht nichts auf das hin, was musikalisch folgt: ein Jazzstandard.

Verglichen mit seinen bisherigen Aufnahmen nimmt Ray Charles sein bluesiges Klavierspiel stark zurück, reduziert dies auf Fills in Gesangspausen, und konzentriert sich auf seinen ausdrucksstarken Bluesgesang. Auch die Rhythmusgruppe ist sehr zurückgenommen und soundtechnisch nach hinten gemischt. Im Vordergrund stehen ganz klar die beiden Gruppen der Streicher und die der Chorsänger und Chorsängerinnen. Dabei ist das Arrangement sehr vielseitig, wechselt zwischen den beiden Gruppen ab, und führt sie wieder zusammen. Im Chorpart singen manchmal nur die Männer, dann die Frauen; einstimmige Linien auf Tonsilben wechseln mit mehrstimmigem Gesang. Jazzakkorde sorgen für einen spannungsvollen Klang. An manchen Stellen übernimmt der Chor die im Gospel übliche Rolle des Antwortgesangs (call & response).

Betrachtet man das Streicherarrangement im B-Teil, stellt man fest, dass Burns die Streicher beim ersten Mal einstimmig in tiefer Lage eine sogenannte Guide-Line, eine chromatisch auf- und absteigende Linie spielen lässt. Beim zweiten Durchgang findet eine enorme Steigerung statt. Die Streicher spielen, ohne die triolische Rhythmik der Rhythmusgruppe zu übernehmen, in geraden Achteln (straight eights) eine mehrstimmig ausgesetzte Gegenmelodie zur Gesangsstimme. Gerade diese kontrapunktische Setzweise zusammen mit dem rhythmischen Kontrast ergibt einen interessanten Effekt, der das Arrangement über das Übliche hinaushebt und auszeichnet.

Georgia On My Mind wurde zu einem Signature-Song für Ray Charles. Er lag ihm sicher auch deshalb sehr am Herzen, weil er, aus einem kleinen Ort im Grenzgebiet zwischen Florida und Georgia kommend, seine Heimatverbundenheit ausdrückte. Dabei war der Song schon 30 Jahre alt, als ihn Charles coverte. Autor war der Komponist Hoagy Carmichael, der den Song 1930 zusammen mit dem Texter Stuart Gorrell schrieb. Umstritten ist bis heute, ob Carmichael mit Georgia den US-amerikanischen Bundesstaat meinte, oder nicht doch eher seine Schwester, die auch Georgia hieß. Ob das den Politikern bewusst war, die *Georgia On My Mind* 1979 zur offiziellen Hymne von Georgia erklärten? Egal. Es ändert nichts daran, dass die Aufnahme von *Georgia On My Mind* auch nach knapp über 50 Jahren zeitlos und aktuell klingt.

Bob Dylan: *Blowin' In The Wind*

Eine Betrachtung über die musikalischen Wurzeln und die
formale Konzeption des wohl berühmtesten Protestsongs
der 1960er Jahre

Bob Dylans *Blowin' In The Wind* ist DER archetypische Protestsong.
Zur Friedensbewegung Anfang der 1960er passend ist die Thematik: eine Aneinanderreihung von rhetorischen Fragen über die
Sinnhaftigkeit, beziehungsweise wohl eher Sinnlosigkeit des Kriegs.
Von Dylan selbst immer wieder in unnachahmlicher Art vorgetragen, am eindringlichsten in der originalen Version, die außer seiner
Stimme nur seine Gitarren- und Mundharmonikabegleitung beinhaltet.

Von der Folk-Bewegung herkommend, kommt der Song mit recht
einfachen musikalischen Mitteln aus. Zur Begleitung reichen drei
Akkorde: Tonika, Subdominante und Dominante, im Original in D-Dur durchaus gitarrentypisch, kommt man doch beim Nachspielen
mit den einfachen Wandergitarren-Griffen aus. Auch die Großform
bedient sich einfacher Mittel: ein kurzes Intro, das nur aus zwei
Takten Gitarrengroove in D-Dur besteht, ist alles, was Dylan benötigt. Dazu gibt es noch zwei achttaktige, die Strophen voneinander
trennende Interludes, bei denen die Mundharmonika zum Einsatz
kommt. Rein harmonisch handelt es sich bei dem Interlude nur um
eine Wiederholung der davor gespielten acht Takte, und auch die
Melodie der Mundharmonika orientiert sich an der Melodik der
acht Takte davor. Diese Simplizität ist durchaus beabsichtigt. Unterstützt sie doch die Aussage des Songs, die dadurch im Mittelpunkt
stehen kann und von der man nicht abgelenkt wird.

Auf dieser einfachen Grundlage kommt Dylans Gesang gut zur
Geltung. Er schafft es durch seine etwas schnoddrige, raue Gesangsweise den Finger in die Wunde zu legen, ohne den moralischen Zeigefinger zu stark zu strapazieren. Obwohl seine Stimme

fast tonlos ist, hat sie eine bemerkenswerte Intensität. Diese etwas merkwürdige Mischung aus dahingesungener Unbeteiligung bei gleichzeitiger Eindringlichkeit macht die Darbietung so bemerkenswert und half Dylan dabei, innerhalb kurzer Zeit zu einer Ikone der Protestbewegung aufzusteigen.

Die Singer-Songwriter der 1960er Jahre schrieben ihre Songs in der Regel selbst. Bei *Blowin' In The Wind* muss man das differenziert betrachten. Komponist und Texter ist offiziell Bob Dylan, wobei er sich aber bei der Melodie sehr stark an dem Spiritual *No More Auction Block* orientierte und dies bearbeitete.

No More Auction Block handelt von den Sklavenauktionen, bei denen die aus Afrika verschleppten Negersklaven an die weißen Gutsbesitzer verkauft wurden. Bei diesen Auktionen wurde keinerlei Rücksicht auf familiäre Bindungen genommen und die Sklaven oftmals sogar bewusst getrennt, um ihren Willen zu brechen. Der "auction block" diente dabei als Podest, auf dem die Sklaven versteigert wurden. Der Liedtext drückt somit die Hoffnung und den Wunsch aus, das durch den auction block symbolisierte Joch der Sklaverei abwerfen zu können.

No More Auction Block besteht aus nur acht Takten, von denen die ersten vier auf einem Halbschluss enden, bevor am Ende der acht Takte mit der Tonika als Ganzschluss der Schluss der Strophe erreicht wird. Damit folgt das Spiritual im Grunde einer klassischen europäischen musikalischen Periode, bestehend aus einem je viertaktigen Vorder- und Nachsatz, die jeweils aus zwei zweitaktigen Phrasen bestehen. Dabei ist die jeweils erste Phrase von Vorder- und Nachsatz identisch.

Dylan übernimmt diese formale Gestaltung in ihren Grundzügen, dehnt die Form allerdings von acht auf insgesamt 32 Takte aus. Er macht also aus jeder zweitaktigen Phrase des Originals eine achttaktige.

Doch steckt formal noch mehr in *Blowin' In The Wind*. Sozusagen als weitere Schicht zu dieser rein klassischen Periodisierung lassen sich auch Elemente der Bluesform entdecken. Das ist eigentlich nicht verwunderlich, berufen sich die frühen Singer-Songwriter doch auf die Folk-Bewegung, die ihrerseits stark vom Blues beeinflusst war. Die Bluesform besteht ja bekanntlich meist aus 12 Takten, unterteilt in drei Viertakter. Von diesen drei Viertaktern wird der erste wiederholt, um mit dem dritten Viertakter quasi eine Lösung, Folgerung, oder Erkenntnis zu bringen. Diese inhaltliche Form, die sich auch in der melodischen Gestaltung wiederfindet, wird mit AAB bezeichnet. Als Beispiel soll der *Backwater Blues* dienen:

A *When it rains five days and the sky turns dark as night,*

A *When it rains five days and the sky turns dark as night*

B *There is trouble taking place in the lowlands tonight.*

Die Wiederholung der Phrase A hat etwas Insistierendes, soll Spannung aufbauen, Nachdruck erzeugen, bevor dies mit der Phrase B aufgelöst wird. Vergleicht man diese Anlage mit *Blowin' In The Wind* so fällt auf, dass hier nicht nur zwei, sondern sogar drei insistierende Wiederholungen als Fragen vorgestellt werden, bevor die Schlussphrase die Spannung auflöst und die Antwort gibt (die hier allerdings lautet, dass es keine Antwort geben kann). Es handelt sich bei *Blowin' In The Wind* nun natürlich nicht direkt um einen Blues, denn diese Wiederholung ist auch ein wichtiges Stilmittel der Rhetorik. Es handelt sich im Grunde um eine Anapher, also eine Wiederholung eines oder mehrerer Wörter am Satz- oder Abschnittsanfang.

Die Anapher wird häufig bei Reden angewandt. Man denke da nur an die berühmte Rede Dr. Martin Luther Kings die er im Jahr 1963 vor dem Lincoln Memorial in Washington D.C. hielt und bei der er am Ende der Rede virtuos von der Anapher Gebrauch machte: insgesamt acht Mal beginnt er einen Gedanken mit den Worten *"I have a dream that..."* (1) und gegen Ende seiner Rede sechsmal mit *"Let freedom ring..."* (2) und beschwört damit den Wandel geradezu herauf.

Bob Dylan und die Bürgerrechtsbewegung, das passt nun auch wieder wunderbar zusammen, setzte sich Bob Dylan ja vehement für die Rechte der afro-amerikanischen Bevölkerung ein. Wie unterschiedlich beide waren: beschwörend, predigend Dr. Martin Luther King, beinahe beiläufig, abgeklärt Bob Dylan; und doch kämpften sie für die gleichen Ziele und haben zeitlos Gültiges geschaffen, das heute aktueller ist denn je.

The Beach Boys: *Surfin' U.S.A.*

Der Symbolsong der Surf-Kultur und seine verborgenen
Wurzeln im Rock'n'Roll

Mir fällt in diesem Zusammenhang immer wieder Sebastian Krumbiegel ein, der mit den Prinzen 1993 den Song *Alles nur geklaut* trällerte. Ob sich das gut 30 Jahre zuvor wohl auch Brian Wilson gedacht hatte, als er *Surfin' U.S.A.* schrieb? Hoffte er, dass es nicht auffallen würde, oder hielt er sich wirklich für den Komponisten des Songs? Oder was es doch alles nur grenzenlose Naivität? Tatsache ist, dass Wilson als Komponist von *Surfin' U.S.A.* aufgeführt wurde, und nicht der wahre Urheber.

Wir wissen nicht, wo Chuck Berry *Surfin' U.S.A.* zum ersten Mal hörte. Man kann sich sein Erstaunen aber gut vorstellen, denn der Titel dürfte ihm zurecht sehr bekannt vorgekommen sein. Handelte es sich doch um nicht viel mehr als eine Coverversion von Berrys Komposition *Sweet Little Sixteen*, die dieser fünf Jahre zuvor, also 1958, veröffentlicht hatte. Trotzdem ließ sich eben Brian Wilson als Komponist von *Surfin' U.S.A.* eintragen. Als der Musikverlag Arc Music, der die Rechte am Song besaß, bei den Beach Boys vorstellig wurde und mit einem Prozess drohte, bekam Berry die Rechte von Murry Wilson, dem Vater und Manager der Wilson-Brüder, zugesprochen. Bei dieser Gelegenheit fielen Berry, beziehungsweise Arc Music auch gleich noch die Rechte am Liedtext zu, was dann des Guten allerdings doch etwas zu viel war. So bekam Brian Wilson die Rechte am Text wohl in den 1990er Jahren im Zuge einiger Prozesse wieder zurück. (3)

Dabei war es gar nicht verwerflich, dass sich die Beach Boys bei Chuck Berry, dem einflussreichsten Komponisten und Musiker des Rock'n'Roll bedienten. Viele Musiker, unter anderem auch die Beatles, hatten ihre Karriere damit begonnen, Berrys Rock'n'Roll-Hits nachzuspielen. Eigentlich hatten es die Jungs von den Beach Boys auch gar nicht nötig, zu plagiieren, denn sie waren kreativ genug, um die ganzen Stilmittel des Rock'n'Roll - die Blue Notes und Blues-Akkorde, die riffartigen Strukturen der Melodien, oder die typischen Blues-Licks in den Soli - in einen komplett neuen Sound überzuführen: den Surf-Sound der 1950er Jahre.

Der hatte vorher schon allein deshalb nicht existiert, weil das Surfen als Massensportart Anfang der 1960er Jahre überhaupt erst aufkam. Dies war durch den technischen Fortschritt und den dadurch bedingten Wechsel von schweren und großen Holzbrettern zu leichten und besser manövrierbaren Surfboards aus Kunststoff überhaupt erst möglich geworden. Um diesen nun massentauglichen Sport entwickelte sich eine Kultur, die ihre musikalische Stimme in den Beach Boys fand.

Zu dieser Kultur gehörten die im Liedtext von *Surfin' U.S.A.* erwähnten Huaraches (4), spezielle, aus Mexiko stammende Ledersandalen, die gern am Strand getragen wurden und bei den Hippies in den 1960ern sehr populär wurden, genauso wie der spezielle Kleidungsstil und die Frisuren. Untrennbar verbunden war die Surfkultur darüber hinaus mit Kalifornien und etablierte den Sonnenstaat damit in den Köpfen der Menschen als als Kultstätte der guten Laune, der gut aussehenden Mädchen und gebräunten muskulösen Jungs. Um dieses Lebensgefühl zu transportieren, werden im Songtext von *Surfin' U.S.A.* so ziemlich alle Surfspots aufgelistet, die damals angesagt waren, und die bis auf Australia's Narrabeen in New South Wales (Australien) und Waimea Bay auf Hawaii alle in Kalifornien liegen. Diese Idee war aber sicherlich auch wieder von Chuck Berrys Original inspiriert, dessen Liedtext mit einer Auflistung von US-amerikanischen Städten und Bundesstaaten beginnt.

Musikalisch war der Surf-Sound vor allem geprägt vom falsettartigen Close-Harmony-Gesang der vier singenden Bandmitglieder. Mindestens ebenso wichtig war allerdings auch die unaufwändige und bewusst unperfekte und ungekünstelte Produktion der Songs, die wie bei *Barbara Ann* manchmal klang, wie wenn die Beach Boys im heimischen Wohnzimmer einen Kassettenrecorder mitlaufen hätten lassen. Auf diese Weise konnte man die Musizierfreude der fünf Jungs förmlich spüren; eine Spielfreude, die die Lebensfreude der Jugend im kalifornischen Surfmilieu symbolisierte. Der Sound der Beach Boys war die ideale Gute-Laune-Musik, und damit der perfekte Soundtrack zur Surf-Kultur.

1965

The Mindbenders: *A Groovy Kind Of Love*

A groovy kind of Clementi. Wie aus einem klassischen Rondo ein Popsong werden kann.

Es ist im Grunde schon sehr erstaunlich, dass man aus einer acht Takte langen kleinen Melodie aus der Zeit der Klassik, die im Originaltempo gerade mal 10 Sekunden dauert, einen kompletten Popsong basteln kann. Den Beweis, dass dies möglich ist, führten Carole Bayer Sager und Toni Wine Mitte der 1960er Jahre.

Bei der kleinen Melodie handelt es sich um die Anfangstakte des 3. Satzes – einem Rondo - aus der Sonatine op. 36, Nr. 5 in G-Dur von Muzio Clementi aus dem Jahr 1797. Clementi (1752-1832) war ein hauptsächlich in England lebender italienischer Komponist, der auch immer wieder jahrelang durch ganz Europa reiste. Heute dürfte er heute hauptsächlich noch Klavierschülern aufgrund seiner Etüden und Sonatinen geläufig sein, da es seine Werke nur in sehr seltenen Fällen auf die Konzertbühne schaffen. Zu seiner Zeit war er allerdings ein bekannter und angesehener Komponist, der über einhundert Klaviersonaten schrieb, Lehrer vieler bekannter Musiker, Klavierfabrikant und Verleger war. Im Jahre 1781 soll er laut zeitgenössischen Quellen ein Klavierwettspiel mit Mozart ehrenvoll bestanden haben. Mozart äußerte sich im Nachhinein zwar nicht besonders schmeichelhaft über Clementi, Beethoven allerdings bewunderte Clementis Klaviersonaten und hatte immer einen Band auf seinem Flügel stehen.

Ob Carole Bayer Sager und Toni Wine auch einen Clementi-Band auf dem Klavier stehen hatten, ist nicht überliefert, genauso wenig wie die beiden auf dieses alte Rondo stießen und warum sie glaubten, dass sich daraus ein Hit machen ließe.

Die beiden waren Mitte der 1960er Jahre noch sehr jung, Toni Wine 17 und noch an der High School, und Carole Bayer Sager 22, Lehrerin an einer Schule. Sie war dabei, eine große Karriere als Songwriterin zu starten und schrieb später Hits für viele Stars der Branche wie Christopher Cross, Michael Jackson, Carli Simon oder Dionne Warwick. Als junge Menschen hatten Bayer Sager und Wine das Ohr am Puls der Zeit und versuchten, das neu aufgekommene, angesagte Jugendslangwort „groovy", das soviel wie „toll" oder „super" bedeutet, prominent im Titel und der Hookline eines Songs unterzubringen.

Als ihnen das bei der Melodie von Clementis Rondo erfolgreich geschehen war, mussten noch ein paar musikalische Anpassungen vorgenommen werden. Wesentlichste Änderung war dabei die Reduzierung des originalen Allegro-Tempos. Schon allein dadurch ändert sich der Charakter der Melodie völlig. Darüber hinaus griffen Bayer Sager und Wine auch in harmonischer und formaler Hinsicht in die Struktur des Originals ein.

Clementi benutzte zur Begleitung der Rondo-Melodie eine recht simple Harmonik, die sich - typisch für die Harmonik der klassischen Musik - nur auf die drei Kadenzakkorde Tonika (G-Dur), Subdominante (C-Dur) und Dominante (D-Dur) beschränkte. In der Popversion finden sich vielfältigere und pop-typischere Akkorde. Dabei handelt es sich um Moll- und Mollseptakkorde (Am7 in Takt 6 und Hm7 in Takt 7) und Mischklänge durch liegenbleibende Basstöne (z.B. D-Dur über Basston G in Takt 2, oder a-Moll über Basston G in Takt 4). Die verschiedenen Aufnahmen des Songs unterscheiden sich allerdings und es ist im Nachhinein nicht klar, für welche Akkorde das Autorenduo verantwortlich ist, und welche von den jeweiligen Arrangeuren und Produzenten der verschiedenen Tonaufnahmen stammen.

Auch die Form des Rondos wurde verändert. Bayer Sager und Wine verwendeten ja nur die ersten acht Takte und entschieden sich, keine weitere Melodie dazu zu komponieren. Somit besitzt der Song keinen „klassischen" Refrain. Aber er besitzt auch keine Hookline, die anstelle eines Refrains die Eingängigkeit und den Wiedererkennungswert eines Popsongs sicherstellen könnte. Eine Hookline mussten Bayer Sager und Wine aber integrieren. Das erreichten die beiden nun dadurch, dass sie die ersten beiden Takte der Rondo-Melodie an den Schluss der Melodie noch einmal anhängten und mit dem immer gleichen, wiederkehrenden Text (der gleichzeitig der Titel des Songs darstellt) versahen. Diese beiden Takte bilden so einen Ersatz für den bei diesem Song fehlenden Refrain. Beim letzten Durchgang wird diese letzte Phrase mehrmals wiederholt, um die refrainartige Wirkung zu verstärken.

Interessant an der Geschichte von *A Groovy Kind Of* Love ist auch die Tatsache, dass innerhalb kurzer Zeit drei Versionen aufgenommen und veröffentlicht wurden. Die erste Version von *A Groovy Kind Of Love* spielte das heute unbekannte US-amerikanische Gesangsduo Diane & Annita (Diane Hall und Annita Ray) 1965 ein. Sie erschien allerdings nur als französische EP. Noch im selben Jahr, im Oktober, wurde eine zweite Version des Songs von Patti Labelle & the Bluebelles aufgenommen und im Januar 1966 veröffentlicht. Fast zur selben Zeit nahmen sich in England die Mindbenders des Songs an. Diese Aufnahme erschien schon im Dezember 1965, also noch vor Patti Labelles Version.

Dass nur ausgerechnet die Version der Mindbenders die kommerziell erfolgreichste wurde und in den Hitparaden Großbritanniens und der U.S.A. auf Platz 2 landete, mag mit der damaligen Begeisterung für den nordenglischen Beat zusammenhängen. Denn im Grunde unterscheidet sie sich kaum von den anderen; sie ist aber gitarrenlastiger und simpler arrangiert als die Version Patti Labelles. Außerdem ist die Singstimme des Gitarristen Eric Stewart, der den ausgeschiedenen Wayne Fontana als Leadsänger ersetzte, nicht übermäßig ausdrucksstark und tragfähig.

Als Phil Collins im Jahr 1988 *A Groovy Kind Of Love* als Popballade herausbrachte, wurde sie zu einem seiner größten kommerziellen Erfolge. Sie ist Teil des Soundtracks zu dem Film *Buster*, in dem das Multitalent Collins auch selbst die Titelrolle, den Posträuber Buster Edwards spielte, der 1963 am großen Postzugraub beteiligt war.

The Beatles: *Yesterday*

Rühreier, ein Streichquartett, drei tatenlose Beatles, ein bedeutungsvoller Traum und Georgia on Paul's mind

Im Jahr 1965 waren die Beatles noch nicht sehr weit in ihrer musikalischen Entwicklung gekommen. Die Songs auf der LP *Help!* präsentierten sich im für die frühen Beatles typischen Beat-Sound: hartes Schlagzeug, zwei E-Gitarren, E-Bass und mehrstimmiger Gesang. Umso erstaunlicher ist die Realisation von *Yesterday* ausgefallen. Auch die Entstehung des Songs ist durchaus bemerkenswert.

Das Songschreiben geschah bei den Beatles in den meisten Fällen in einer Art Teamarbeit zwischen Paul McCartney und John Lennon. Meist hatten entweder Lennon oder McCartney eine musikalische Idee, die unterschiedlich weit ausgearbeitet war, als sie dem jeweils anderen präsentiert und dann in gemeinsamer Arbeit vervollständigt wurde. Man einigte sich damals darauf, dass die einzelnen Anteile, so unterschiedlich sie auch gewesen sein sollten, nicht aufgeschlüsselt wurden, sondern immer pauschal fifty-fifty abgerechnet wurden. Deswegen steht in Notenausgaben von den Beatles-Song, die von den beiden verantwortet wurden, immer die Angabe: *Words and Music by John Lennon and Paul McCartney.*

Diese Angabe findet sich auch bei *Yesterday*. Hier ist es allerdings so, dass das Stück von Paul McCartney komplett alleine komponiert wurde, also kein anderer Beatle an der Komposition beteiligt war (dies gilt allerdings nicht für den Liedtext). Und die Entstehung kann durchaus als etwas kurios bezeichnet werden.

Paul wachte eines Morgens mit einer Melodie im Kopf auf und fragte sich, woher er diese kenne. Am Klavier suchte er passende Akkorde zu dieser Melodie und wurde den Gedanken, dass diese gar nicht von ihm stammen könne, nicht los. Denn er hatte die Melodie ja geträumt, also konnte er sie gar nicht komponiert haben. Aber auch Nachfragen bei seinen Musikerkollegen und Freunden brachten keinen Erkenntnisgewinn. Er hielt diese Melodie für eine Jazzmelodie – ein nicht abwegiger Gedanke, war doch Paul McCartneys Vater James Jazzliebhaber.

James McCartney war außerdem ein ganz leidlicher Pianist, der sich das Spielen von jazzigen Akkorden und Melodien am Klavier selbst beigebracht hatte und auch eine Zeit lang Trompete spielte. Zusammen mit seinem Bruder Jack an der Posaune spielte er nach dem ersten Weltkrieg die Jazzstandards der damaligen Zeit auf Tanzveranstaltungen oder im Kino. So war es eigentlich logisch, dass Paul McCartney hiervon in seiner musikalischen Entwicklung geprägt wurde.

Nachdem Paul trotz aller Versuche nicht herausfinden konnte, woher diese Melodie stammte, akzeptierte er schließlich seine Urheberschaft (5) und man beschloss, den Song aufzunehmen.

Zur Zeit der Entstehung von *Help!* arbeiteten die Beatles schon mit ihrem Produzenten George Martin zusammen, einem ausgebildeten Musiker, der die Ideen der Beatles im Studio praktisch umsetzte und sich mit ihnen in den folgenden Jahren ideal ergänzen sollte. Martin hatte nicht nur ein untrügliches Gespür dafür, wie ein Song klingen musste, um erfolgreich zu sein, er hatte auch einen Plan, wie er die Kreativität der Beatles lenken, weiterentwickeln und fördern konnte, um aus ihnen mehr als nur eine Beatband zu machen.

So war es Martin, der vorschlug, *Yesterday* nicht in der üblichen Besetzung zu produzieren, sondern zu Pauls Gesang und Akustikgitarrenspiel ein Streichquartett zu engagieren und somit die anderen Beatles gar nicht zu beteiligen. Das allerdings war gewagt, denn zu diesem Zeitpunkt waren die Beatles eben doch noch eine Beatband. Und da sich die Beatles völlig unsicher waren, wie wohl die Fangemeinde reagieren würde und sie sich ganz nebenbei angesichts der Sentimentalität des Songs tatsächlich auch etwas schämten (6), brachte man *Yesterday* erst gar nicht als Single heraus.

Doch noch einmal zurück zum Entstehungsprozess. Neben der vergeblichen Suche nach der Inspirationsquelle war auch die Suche nach einem passenden Text schwierig. Zuerst hieß das Stück als Gag und weil niemandem etwas besseres einfiel "scrambled eggs" - zu deutsch "Rühreier". John Lennon sagt, dass er fast schon traurig war, als der endgültige Titel gefunden war, denn das Rührei war schon zum Running Gag geworden. (7)

Dass der Song als *Scrambled Eggs* einer der erfolgreichsten Popsongs der Geschichte geworden wäre, darf wohl getrost bezweifelt werden. Doch nicht alle vier Beatles waren über den Erfolg von *Yesterday* immer ganz glücklich, was bei den restlichen Dreien wohl an der oben geschilderten fehlenden Beteiligung am Song liegt.

So berichtet John Lennon davon, dass er einmal in einem Restaurant in Spanien saß, der an den Tischen aufspielende Geiger ihn erkannte und ihm - man kann es sich schon denken - *Yesterday* direkt ins Ohr spielte. Also ausgerechnet den einen Song, an dem John Lennon so gar keinen Anteil hatte. Wenn Lennon nun ätzt, der Geiger hätte ja schlecht *I Am The Walrus* spielen können (8), einen gelinde gesagt etwas ungewöhnlichen und auch unmelodischen Song vom späten Beatles-Album *Magical Mystery Tour*, dann zeigt sich daran das in der Endphase der Beatles zerrüttete Verhältnis zwischen Lennon und McCartney recht gut. Denn Lennon hätte definitiv viele gelungene Songs im Angebot gehabt, die er als Alternative für *I Am The Walrus* hätte aufzählen können und die sich auch in einer Tischgeigerversion gut gemacht hätten.

The Beach Boys: *Good Vibrations*

Eines der sonderbarsten Musikinstrumente, das Theremin,
findet in einer Weiterentwicklung Verwendung im an-
spruchsvollsten Song der Beach Boys.

In der Instrumentenabteilung des Deutschen Museums in München gibt es ein Theremin. Dieses Instrument zu spielen ist kinderleicht. Man muss das Instrument dazu nicht einmal berühren. In die Nähe dieser Antenne zu kommen, reicht, und es ist ein jaulender Klang zu hören, der stufenlos die Tonhöhe verändert. Allerdings passiert das nicht, wenn Sie Ihre Hand ganz ruhig halten und den Abstand zur Antenne nicht verringern oder vergrößern. Ab einem gewissen Abstand zur Antenne bleibt das Theremin still.

Um 1920, als das Theremin vom russischen Physiker und Erfinder Lev Termen (auch Leon Theremin) erfunden wurde, war dies natürlich eine Sensation. Ein Instrument, das Töne von sich gab, ohne dass es berührt wurde, das grenzte an Magie. Schnell wurde das Theremin bekannt, setzte sich aber in der Musikszene nie richtig durch. So leicht man Töne mit dem Instrument erzeugen konnte, so schwer war es aber dann doch, damit sinnvolle Musik erklingen zu lassen. So etablierte sich das Instrument dann doch nur als Erzeuger von speziellen Effekten in der aufkommenden Filmindustrie, vor allem bei Thrillern wie Alfred Hitchcocks *Spellbound* aus dem Jahr 1945 oder bei verschiedenen Science-Fiction-Filmen.

Dabei gilt das Theremin als das erste elektronische Musikinstrument überhaupt. Die beiden Antennen, die aus dem Gerät ragen, werden von einem schwachen elektrischen Feld umgeben. Der Abstand der Hand zur einen, hoch aufragenden regelt die Tonhöhe, der Abstand zur anderen, seitlich aus dem Kasten herausragenden, die Lautstärke.

Der typische Klang eines Theremins ist schwer zu beschreiben, er changiert zwischen dem Klang einer menschlichen Frauenstimme in der Höhe und dem Klang eines Cellos in der Tiefe.

Im Song *Good Vibrations* der Beach Boys kann man im Refrain ein sehr hohes Instrument hören, das die für ein Theremin typischen gleitenden Übergänge zwischen den Tönen und eine dem Theremin ähnliche Klangfarbe besitzt. Man kann immer wieder lesen, dass dies ein Theremin gewesen sei, das von den Beach Boys im Studio eingesetzt wurde, um diesen Effekt zu erzielen. Dies ist nur zum Teil richtig.

Das Instrument, das man auf der Aufnahme von *Good Vibrations* hören kann, ist ein sogenanntes Electro-Theremin (auch Tannerin genannt), das in den 1950er Jahren von Paul Tanner und Bob Whitsell auf der Grundlage des Theremins entwickelt wurde. Es ist bei Experten bis heute allerdings umstritten, ob es als richtiges Theremin gelten kann. Denn das Charakteristikum des Thereminspiels, das Instrument nicht zu berühren, wird beim Electro-Theremin außer Kraft gesetzt. Man spielt es mit Hilfe eines Widerstandsbands, auf dem der Finger auf und ab gleitet und so die Tonhöhe reguliert.

Paul Tanner spielte sein Instrument bei den Aufnahmesessions für *Good Vibrations* und zwei weiteren Beach-Boys-Songs selbst, um es einige Zeit später an ein Krankenhaus zu geben, wo es zu Tests der Hörfähigkeit von Patienten eingesetzt werden sollte. Seiner Aussage nach sah er durch die Entwicklung des Synthesizers keine Zukunft für sein Instrument. (9)

The Beatles: *All You Need Is Love*

Die Idee des Weltumspannenden, verbunden mit einer simp-
len, aber wirkungsvollen Botschaft

All You Need Is Love war eine Auftragskomposition. John Lennon ist sich in Nachhinein zwar nicht ganz sicher gewesen, ob er das Lied neu geschrieben oder ob er Material verwendet hatte, das sowieso gerade in Arbeit war. Der Auftrag war jedenfalls, für *Our World*, die erste Fernsehsendung, die live über Satellit übertragen wurde und am 25. Juni 1967 gesendet wurde, einen Song zu komponieren und damit England zu vertreten. Teil der Aufgabe war damit auch, Text und Musik mit universeller Verständlichkeit zu schreiben.

Our World war eine technische Meisterleistung. Die gut zweistündi-ge Fernsehsendung wurde live über drei Satelliten in 24 Staaten auf allen fünf Kontinenten übertragen und von schätzungsweise 400 bis 700 Millionen Zuschauern gesehen (10). Die 19 aktiv teilnehmenden Länder waren sich der Bedeutung des Ereignisses bewusst, und da beschlossen worden war, dass Politiker und Staatsmänner die ein-zelnen Staaten nicht repräsentieren durften, boten diese ihre künst-lerischen Hochkaräter auf. So hatten Maria Callas, Franco Zefirelli und Pablo Picasso ebenso einen Auftritt wie Leonard Bernstein, der ein Klavierkonzert von Sergei Rachmaninov zusammen mit dem Pianisten Van Cliburn probte.

Am Schluss der Live-Sendung war der Zuspieler aus den Abbey Road Studios an der Reihe, wo die Beatles bereit saßen, um ihren Song *All You Need Is Love* aufzunehmen. Sie hatten neben einem 13-köpfigen Orchester auch einiges an Musik-Prominenz ins Studio eingeladen, so waren unter anderem Mick Jagger und Keith Richards von den Rolling Stones, Eric Clapton und Marianne Faith-ful anwesend, sangen im Background und steuerten Handclaps bei. Es war im Vorfeld einiges an Nervosität zu spüren gewesen, sei es bei den Beatles selbst, die erst ganz kurz vor dem Aufnahme- und

Sendetermin realisierten, dass dieses Projekt dann doch etwas Größeres war, sei es bei George Martin und den Technikern, die für den reibungslosen Ablauf zuständig waren. Doch dann lief alles nach Plan und man hat die TV-Bilder noch vor Augen, wie die Beatles teils Kaugummi kauend, teils locker groovend ihren Song performten.

Allerdings hatten die Beatles, da sie schon geraume Zeit keine Live-Band mehr waren und die Songs im Studio teils wochenlang mit technischen Gimmicks und musikalischen Feinheiten aufpeppten, schon an einigen Tagen zuvor einen Backing-Track aufgenommen - gegen den ausdrücklichen Willen der veranstaltenden BBC. Dennoch wurde vieles live eingespielt, Lennons Leadgesang, McCartneys Bass, Harrisons Gitarrensolo, Ringos Schlagzeug und das Orchester. Lennon war aber mit seinem Gesang unzufrieden und nahm den Leadgesang später am Abend noch einmal neu auf. Die vorher aufgenommenen Elemente, der Live-Part, die neue Gesangsstimme und weitere nachträgliche Ergänzungen wurden abgemischt und am 7. Juli als Single veröffentlicht.

Und der Song avancierte sofort zur Hymne für die Hippies und wurde zum Symbolsong des "Summer of Love". Mit seiner universellen Botschaft, dass wir alle nur die Liebe brauchen, traf Lennon das Lebensgefühl der Love-and-Peace-Generation. Dazu passte die Inszenierung der Beatles als lebende Litfaßsäulen, die eben diese Botschaft in viele Sprachen übersetzt in die Welt hinaustrugen.

Musikalisch spiegelt sich die simple und plakative textliche Botschaft des Refrains auch in der Melodie wider, die zunächst auf einem einzigen Ton verharrt und zum Mitsingen geradezu einlädt. Die textliche Gestaltung der Strophen allerdings ist - wie um die über-simple Botschaft des Refrains auszugleichen - etwas verkünstelt geraten. Dazu kommt eine Rhythmik in der Melodie der Strophen, die sehr komplex ist und geradezu über dem Metrum zu schweben scheint. Die Taktwechsel zwischen 4/4-Takt und 3/4-Takt tragen ein Übriges zur Sperrigkeit bei.

Fest in den Song integriert sind verschiedene Zitate, die möglicherweise durch den Ansatz des Völkerumspannenden und Weltverbindenden der TV-Sendung inspiriert wurden. So hören wir zu Beginn die ersten drei Takte der französischen Nationalhymne, der Marseillaise, die nachträglich von Ringo noch mit einem Trommelwirbel unterlegt wurden und die bis heute dafür sorgen, dass man bei Siegerehrungen französischer Sportler oder Spielen der französischen Fußballnationalmannschaft immer irgendwie auf *"Love, love, love"* wartet (und folgerichtig enttäuscht wird).

Der Schluss von *All You Need Is Love* ist in einer Art Klangcollage gestaltet, die charakteristisch für die damalige experimentelle Studioarbeit von George Martin und den Beatles war. Man bettete kurze Versatzstücke verschiedener Musikstücke ein, die - nach dem Bezug zu Frankreich vom Anfang des Songs - nun auf Deutschland, die USA und England selbst verwiesen. Dies sind im Einzelnen in der Reihenfolge des Auftretens:

- Johann Sebastian Bach: Zweistimmige Invention für Klavier, F-Dur, BWV 779, hier allerdings von den Trompeten gespielt und nach G-Dur transponiert. Die immer wieder zu lesende Behauptung, hierbei handele es sich um ein Brandenburgisches Konzert, stimmt nicht.

- Die Einleitungstakte zu Glenn Millers *In The Mood*

- *Greensleeves*, ein altes englisches Volkslied als einstimmige Streichermelodie

Die Konzeption und Ausführung des Songs fand ja unter großem Zeitdruck statt, und nur so ist es zu erklären, dass George Martin es versäumte, die Rechte für den Ausschnitt aus *In The Mood* einzuholen. Seine spätere Einlassung (11), er habe gedacht, *In The Mood* wäre rechtefrei, was auch stimme, nur das von ihm verwendete Intro sei geschützt, ist nicht wirklich nachvollziehbar. Denn eine einfache Recherche hätte auch damals zutage gebracht, dass als Komponist Joe Garland eingetragen ist (Auch wenn er die bekannte Melodie nicht selbst komponierte, sondern nur von vorherigen

Kompositionen wie Wingy Manones *Tar Paper Stomp* übernahm, war er der erste, der sie urheberrechtlich schützen ließ). *In The Mood* befindet sich also nicht in der public domain. Dieses Versäumnis wurde von EMI durch eine nachträgliche Zahlung an Garland wieder wettgemacht.

Außerdem sangen die Beatles in diese Collage zwei kurze Ausschnitte eigener Titel ein. So ist der zweimalige Refrainbeginn aus *She Loves You*, einem frühen Hit der Beatles, zu hören, genauso wie die ersten drei Töne von *Yesterday*.

Doch noch einmal zurück zum Beginn der Live-Übertragung von *Our World*. Der Kommentator der altehrwürdigen und stockkonservativen BBC war sich vielleicht doch nicht so ganz sicher, ob die Beatles angesichts solcher Künstler wie Leonard Bernstein, Maria Callas oder Pablo Picasso die adäquate Wahl waren, und so hörte man, als die Orchestermusiker die Plätze einnahmen, folgenden Kommentar (ob nun geplant oder spontan, kann nicht eruiert werden):

"You'll notice that the musicians are not Rock'n'Roll youngsters. The Beatles get on best with symphony men." (12)

Dass die Beatles klassik-kompatibel waren, musste dann wohl auch mal gesagt werden.

1967

The Beatles: *Lucy In The Sky With Diamonds*

Wer glaubt den Beatles? Eine versteckte Anspielung auf
LSD oder unschuldige Kinderzeichnung?

Die Kontroverse um *Lucy In The Sky With Diamonds* ist fast so alt wie der Song selbst. Es geht - Sie wissen es sicher schon - um den surrealen Text des Songs und die Initialen der drei Hauptwörter im Songtitel: <u>L</u>ucy in the <u>S</u>ky with <u>D</u>iamonds. Die ergeben bekanntlich LSD, eine Abkürzung für Lysergsäurediäthylamid. Dabei handelt es sich um ein in den späten 1960er Jahren populäres Halluzinogen, eine Modedroge, die als bewusstseinserweiternd gepriesen wurde und darum von vielen Kreativschaffenden konsumiert wurde. Unter anderem auch von den Beatles.

Damit war die Verbindung schnell geschaffen. Bei einem Liedtext mit solch blumig-bunten und imaginativen Bildern konnte es sich doch nur um Drogenfantasien handeln. Die Beatles dementierten, doch vergeblich. Dabei hatten sie eine sehr gute Erklärung für den Songtitel: eine Kinderzeichnung von John Lennons Sohn Julian, die dieser von einer Schulfreundin angefertigt hatte und von der Schule mit nach Hause brachte. Auf die Frage, was das darstelle, kam die Erklärung, dies sei Lucy im Himmel mit Diamanten. (13)

Doch woher kamen dann die seltsam an psychedelische Erfahrungen anklingenden Bilder des Songtextes? Auch hierfür hatten die Beatles eine Erklärung parat: *Alice im Wunderland*. Laut John Lennon kamen hieraus die Bilder des Bootes und des Mädchens mit den Kaleidoskop-Augen. (14)

Eine andere Quelle der Inspiration ist laut John Lennon auch die *Goon Show*, eine Anfang bis Mitte der 1950er Jahre sehr populäre Radio-Comedy-Sendung der BBC. Deren kreativer Kopf Spike Mulligan besaß jene schräge Form von Humor, die ihre Fortsetzung bei den Monty Pythons fand. Mulligan sagte, dass sie in der *Goon Show* einmal über „*plasticine ties*" geredet hätten, was bei *Lucy In The Sky*

44

With Diamonds leicht variiert wieder auftaucht. (15)

Doch, wie schon gesagt, alle Dementis waren fruchtlos, und die Beatles ob dieser Tatsache natürlich einigermaßen genervt. John Lennon war sogar bereit, *"bei Gott, bei Mao oder bei wem ihr wollt"* zu schwören. (16) Doch egal was man glaubt, wenn man sich die Inspirationen zu den anderen Songs vom Album *Sgt. Pepper's Lonely Club Hearts Band* anschaut, dann erscheint die Sache mit der Zeichnung realistisch.

Sgt. Pepper's wird ja als das erste Konzeptalbum der Popgeschichte bezeichnet, wobei sich die Konzeption doch eigentlich darauf beschränkt, dass die Beatles sich in die Rolle und damit verbundenen Kostüme dieser fiktiven Band, der "Lonely Hearts Club Band" begaben. Auch das aufwändig inszenierte Cover gehört zu diesem Gesamtkunstwerk. Was die musikalische Gestaltung und die Themen und Liedtexte betrifft, ist allerdings kaum eine durchgehende Linie erkennbar - wobei dies sehr wahrscheinlich auch gar nicht in der Intention der Beatles lag.

So wirken die Themen der Lieder auf *Sgt. Pepper's* doch ziemlich wahllos zusammengemischt und ehrlich gesagt sogar recht banal. Eine kleine Auswahl: *Being For The Benefit Of Mr. Kite* zitiert textliche Ausschnitte eines alten Zirkusplakats, *Getting Better* ist der Lieblingsspruch des Ersatzschlagzeugers Jimmy Nicol (*"It's getting better"*). *Lovely Rita* ist ein Song über eine Politesse und *Good Morning, Good Morning* wurde von einem Werbespot über Kellogg's Cornflakes inspiriert (inklusive Hahnenschrei)! *A Day In The Life* basiert im ersten Teil auf zwei Zeitungsmeldungen und referiert im zweiten Teil doch recht lapidare Tagesabläufe wie aufwachen, aus dem Bett steigen, sich kämmen, etc. In diese aus dem Alltagsleben entnommenen Inspirationen passt die Kinderzeichnung perfekt hinein.

Die musikalische Gestaltung von *Lucy In The Sky With Diamonds* orientiert sich dann doch weniger an Kindlichem, sondern eher am psychedelischen Aspekt. Hier ist vor allem der verfremdete Gesang John Lennons zu nennen, der mittels technischer Effekte (Aufnahme in langsamerer Bandgeschwindigkeit mit anschließender zehnprozentiger Beschleunigung) einen ziemlich surrealen Klang entwickelt. Dazu kommen die schwerfälligen Dreiklangsbrechungen der Einleitung, die von Paul McCartney auf einer Lowry-Orgel gespielt wurden, und die gleichzeitig die Begleitung der Strophe bilden.

Umso heftiger wirkt da der Übergang in den Refrain mittels vier Schlägen des Schlagzeugs. Hier springt der Song vom 3/4-Takt des Beginns in einen 4/4-Takt und in eine neues Grundmetrum. Dazu setzt das Schlagzeug ein, und man ist wieder ein Stück weit im gewohnten Sound eines Popsongs. Somit wirkt dieser Refrain wie ein Kommentar zum surrealen Liedtext der jeweils vorangegangenen Strophe.

The Beatles: *Strawberry Fields Forever*

John Lennons Kindheitserinnerungen in einem äußerst surrealen Gewand

Die Abrissbagger kamen 1973 und fraßen sich durch das alte vikto-
rianische Gebäude. Es war nicht mehr zu retten gewesen, zu stark
hatten bauliche Schäden der Struktur des Hauses zugesetzt. Ein
Zweckbau sollte das alte Waisenhaus der Heilsarmee ersetzen. Was
von der originalen Bausubstanz blieb, waren nur die beiden Torpfosten mit dem eisernen, rot lackierten Tor, die den Zugang zum
weitläufigen Gelände verwehrten und auf denen der Name des
Anwesens stand: *Strawberry Field.*

John Lennon hatte nur eine Querstraße entfernt von dem parkähnli-
chen, bewaldeten Gelände mit dem viktorianischen Waisenhaus in
der Beaconsfield Road in Liverpool gewohnt. Er lebte dort bei seiner
Tante Mimi und *Strawberry Field* wurde eine Art Spielplatz und
Zufluchtsort für den jungen John. Gelände und Gebäude faszinier-
ten ihn und er stahl sich oft weg, war auf dem Gelände allein oder
spielte mit den Waisenjungen, die dort lebten. Auch besuchte er mit
seiner Tante das jährlich stattfindende Gartenfest.

1967 stand das Waisenhaus noch, als John Lennon während eines
Spanienaufenthalts für Dreharbeiten zum Film *How I Won The War*
den Song *Strawberry Fields Forever* schrieb und darin seine Kindheitserinnerungen verarbeitete. Er verwendete für den Song nicht
den originalen Namen *Strawberry* Field, sondern die Pluralform
Fields.

Kindheitserinnerungen sind zum einen ein ganzes Leben lang präsent, werden zum anderen aber auch im Laufe des Lebens mit einer
ganz eigenen, emotional gefärbten Patina überzogen. Möglicherweise ist die Aufnahme von *Strawberry Fields Forever* deshalb in ein
solch unwirkliches, surreales Licht getaucht.

Dass *Strawberry Field* einen ganz besonderen Platz in Lennons

Kindheit eingenommen haben muss, kann man am quälend langen Aufnahmeprozess im Tonstudio erkennen, der John nie zufrieden stellte, ja vielleicht sogar nie zufrieden stellen konnte. Die Beatles nahmen *Strawberry Fields Forever* im Studio nämlich unzählige Male auf und versuchten mit allerlei Experimenten Johns Vorstellungen nahe zu kommen. Es kam aber anscheinend keine in allen Belangen überzeugende Aufnahme dabei heraus, so dass man sich schlussendlich entschloss, zwei grundverschiedene Aufnahmen, nämlich Take 7 und Take 26 zusammenzufügen.

Nun gab es aber das Problem, dass der zweite ausgesuchte Take 26 schneller und einen Halbton oder Ganzton (die Quellenlage ist hierin unklar) höher eingespielt war als Take 7. Take 26 musste nun nachträglich im Tempo verlangsamt werden, was auch die Tonhöhe automatisch mit herabsetzte, so dass beide Teile zueinander passten. Dabei sollte die Schnittstelle möglichst unhörbar sein. Diese Schnittstelle befindet sich im Song genau nach einer Minute. Direkt davor wurden noch 5 Sekunden eingeklebt, die ebenfalls aus Take 7 stammten. Insgesamt stellt dies eine technische Meisterleistung dar, auf die Toningenieur George Martin zu Recht stolz war.

Um dem Song zusätzlich eine spezielle Atmosphäre zu verleihen, verwendeten die Beatles auf *Strawberry Fields Forever* zwei sehr ungewöhnliche Instrumente. Das eine kann man schon direkt im Intro zum Song hören. Es ist ein Mellotron. Dieses Instrument, das damals völlig neu auf dem Markt war, war ein Vorläufer der heutigen Synthesizer, bei dem die Töne allerdings nicht wie bei diesen elektronisch erzeugt wurden. Beim Mellotron startete durch den Tastendruck ein im Instrument befindliches Tonband, dessen Klang dann zu hören war. Für jede Taste des Mellotrons befand sich ein Tonband im Innern des Geräts, das bis zu 20 Sekunden laufen konnte und dann in die Ausgangsposition zurückschnappte. Die Tonbänder waren schon ab Werk bespielt und es waren drei verschiedene Sounds verfügbar, darunter auch der Flötensound von *Strawberry Fields Forever*. Per Drehschalter konnte zwischen den drei Sounds umgeschaltet werden.

Die Beatles waren von dem Instrument, das von der britischen Firma Streetly Electronics produziert wurde, so begeistert, dass sich trotz des horrenden Preises jeder der vier eines kaufte. 1966 hingen es die Beatles und ihr Produzent George Martin allerdings nicht an die große Glocke, dass sie ein Mellotron eingesetzt hatten. Da das Mellotron (das im Übrigen auch rhythmische Presets besaß) ganze Bands oder Orchester imitieren konnte, befürchtete die britische Musikergewerkschaft eine zunehmende Beschäftigungslosigkeit von Musikern und wandte sich gegen den Einsatz des Mellotrons.

Dass dies unbegründet war, zeigte dann die praktische Erfahrung mit dem Gerät. Verschiedene Rockgruppen Anfang der 1970er, unter anderem Led Zeppelin, benutzten das Mellotron nicht nur im Studio, sondern auch für Liveauftritte und beklagten sich bald bitter über die mangelnde Zuverlässigkeit der Instrumente. Schon kleinste Stromschwankungen beeinträchtigten den Gleichlauf und somit die Intonation. Dabei waren die Musiker oft schon froh, wenn das Mellotron überhaupt Töne von sich gab.

Das zweite ungewöhnliche Instrument ist immer am Übergang vom Refrain zur nächsten Strophe zu hören. Es ist eine aus Indien stammende und ein wenig wie eine Zither klingende Surmandal (im Englischen oftmals auch "swordmandel" genannt). Seit ihren Indienaufenthalten verwendeten die Beatles immer wieder indische Instrumente, wie zum Beispiel die Sitar bei *Norwegian Wood*.

Ohne *Strawberry Fields Forever* würde sich heute sicher niemand mehr an das alte Waisenhaus *Strawberry Field* erinnern. So aber ist die Toreinfahrt mit den beiden steinernen und mit allerlei Graffiti verzierten Torpfosten heute eine der Haupt-Pilgerstätten von Beatles-Fans aus aller Welt, wenn sie Liverpool besuchen. Die originalen eisernen, rot lackierten Tore wurden im Jahr 2000 gestohlen, aber nach kurzer Zeit wieder zurückgebracht. Im Jahr 2011 wurden sie durch Replikate ersetzt.

67

9

1961967

Procol Harum: *A Whiter Shade Of Pale*

Einer der Klassiker des Classic Rock und seine Bezüge
zum Werk Johann Sebastian Bachs

Es war einfach eine unglaublich gute Idee! Ein Musikstück mit einem ausgehaltenen Ton zu beginnen, der eine gefühlte Ewigkeit dauert und dabei mit jeder Sekunde ein mehr an Spannung aufbaut. Dazu eine Basslinie in gleichmäßigen Achteln - heute würde man das Walking Bass nennen - die mit ihrem stufenweisen Abstieg einen wirkungsvollen Gegenpol zum Melodieton bildet und diesen mit jedem Ton in ein neues Licht setzt. Ein Beginn so charakteristisch, außergewöhnlich und genial einfach, dass Johann Sebastian Bachs *Air* aus der Orchestersuite Nr. 3 in D-Dur, BWV 1068 im Laufe der Zeit zu den beliebtesten klassischen Musikwerken avancierte - gleichzeitig aber auch so populär wurde, dass man es manchmal gar nicht mehr hören mag.

Als Procol Harum, also Gary Brooker, Gesang und Klavier, Matthew Fisher, Hammond-Orgel, David Knights, Bass, Ray Royer, Gitarre und der Sessionschlagzeuger Bill Eyden *A Whiter Shade Of Pale* 1967 aufnahmen, war es gerade Mode geworden, klassische Elemente in die Rockmusik zu übernehmen. Schon die Beatles hatten mit der Hilfe von George Martin erste, noch zaghafte Schritte unternommen und etwa ein klassisches Streichquartett bei ihren Aufnahmen von *Yesterday* und *Eleanor Rigby* eingesetzt. Klassische Trompetensoli (*Penny Lane*, *For No One*) finden sich bei ihnen genauso wie ganze Sinfonieorchester (*A Day In The Life*). Bei den Beatles waren dies allerdings nur Farbtupfer; nette Goodies, die ihre Experimentierfreude unterstrichen und den Songs eine interessante Note verliehen. Die Beatles erhoben die klassischen Elemente also nicht zum Prinzip, waren aber trotzdem ein Vorreiter und wiesen dem was kommen sollte den Weg: dem Classic Rock.

50

Auf Procol Harum und das bahnbrechende *A Whiter Shade Of Pale* folgten sehr schnell andere Gruppen wie Deep Purple, The Moody Blues oder The Nice, die alle mit ihrer Fusion aus Klassik und Rock erfolgreich waren. Den Höhepunkt des Classic Rock bildeten Anfang der 1970er dann Aufnahmen wie *Beethoven's Fifth* von der Gruppe Ekseption, oder *Bilder einer Ausstellung* (*Pictures At An Exhibition*) von Emerson, Lake & Palmer.

Doch zurück zu Procol Harum. Dass bei *A Whiter Shade Of Pale* auf die Idee der Bachschen *Air* zurückgegriffen wurde, ist wohl klar ersichtlich. Es finden sich beide charakteristischen Elemente in der Orgelmelodie: der lang gehaltene Ton in der Melodiestimme und die stufenweise absteigende Basslinie, die erst nach dem fünften Ton einen anderen Verlauf nimmt. Auch beginnt die Melodie beider Stücke mit der gleichen Tonhöhe, einer großen Terz über dem Grundton.

Dennoch gibt es Unterschiede, was auch logisch ist, handelt es sich ja bei *A Whiter Shade Of Pale* nicht nur um eine Kopie, sondern um ein eigenständiges Stück Musik. Gary Brooker erklärt in einem Interview aus dem Jahr 1990 ganz anschaulich, wie solch ein Entstehungsprozess vonstatten geht, wie er, Brooker, sich beim Komponieren zwar an originalem Material von Bach, wie zum Beispiel am Wohltemperierten Klavier, orientiert, dies auch als Ausgangspunkt benutzt, es aber nach ein paar Takten schon verfremdet und verändert, indem er es nur halb so schnell spielt oder rückwärts. (17)

Dass hierbei auch mangelnde Fertigkeiten im Notenlesen eine Rolle spielen, gibt er im selben Interview auch zu.

Mit diesen Aussagen erklärt er treffend den Bezug zwischen Bachs *Air* und *A Whiter Shade Of Pale*, auch wenn in diesem Fall nicht ganz klar ist, ob er den Orgelpart komponiert hat (dazu später mehr). Nach identischem Beginn entfernt sich *A Whiter Shade Of Pale* recht schnell vom "Original". Die Melodie verlässt ihren Anfangston schon beim dritten Basston, um in einem von der *Air* inspirierten, aber dennoch eigenständigen Verlauf weitergeführt zu werden. Bei Bachs *Air* liegt der Anfangston noch zwei Akkorde länger. Der Verlauf der Bassstimme ist bis zum fünften Ton identisch. Nach diesem verläuft die Bassstimme bei *A Whiter Shade Of Pale* noch weiter stufenweise abwärts, während der Bass bei der *Air* nach dem fünften Ton umkehrt, und in zwei Halbtonschritten aufwärts geführt wird.

Es werden immer wieder andere Stücke Bachs angeführt, die als Ausgangspunkt, oder als Inspirationsquelle für *A Whiter Shade Of Pale* gedient haben sollen. Hierzu zählen vor allem die beiden Kantaten "Wachet auf, ruft uns die Stimme", BWV 140 und auch "Ich steh mit einem Fuß im Grabe", BWV 156. Diese angeblichen Bezüge können von mir nicht nachvollzogen werden, zumal genauere Angaben, welches Stück der Kantate jeweils genau gemeint sein soll, fehlen. Im eröffnenden Choral von "Wachet auf, ruft uns die Stimme" findet sich zwar eine stufenweise absteigende Bassstimme, doch fehlt eine ähnliche Melodie. Bassverläufe dieser Art kommen allerdings sehr häufig vor, nicht nur bei Bach, und sind für sich genommen noch ausschlaggebendes Argument. Bei "Ich steh mit einem Fuß im Grabe" finden sich in der gleichnamigen Arie mit Choral beide Elemente, doch Taktart (3/4-Takt), der Auftakt, die Synkopierung der Bassstimme und auch der weitere musikalische Verlauf lassen doch direkte Ähnlichkeiten mit *A Whiter Shade Of Pale* vermissen.

Und dann wäre da noch der Urheberrechtsstreit um *A Whiter Shade Of Pale*. Nein, nicht der alte Bach hat geklagt, obwohl er sicher gute Gründe und wahrscheinlich auch ganz gute Chancen auf eine Aufnahme in die Songwriting Credits gehabt hätte. Es war Matthew Fisher, der Organist der Band Procol Harum, der im Gegensatz zu Gary Brooker (Musik) und Keith Reid (Text) 1967 nicht als Urheber des Songs mit aufgenommen wurde. Warum es Fisher erst 2005, also gut 38 Jahre nach Entstehung der Songs einfiel, das er der Autor der berühmten Orgelmelodie sei und nicht Brooker, begründete er damit, mit seinen Vorstößen bei Brooker und Reid immer zurückgewiesen worden zu sein. (18) Außerdem habe es schon immer Spannungen zwischen ihm und Brooker gegeben (19) und er habe Angst gehabt, dass er aus der Band hinausgeworfen würde, falls er darauf bestanden hätte. (20) Fisher hatte Procol Harum zwei Jahre zuvor 2003 verlassen. 2009 schließlich gewann Fisher diesen Rechtsstreit und wurde als Urheber mit aufgenommen, was ihm 40% der anfallenden Tantiemen einbringt.

In Anbetracht des Urteils und der wahrscheinlich horrenden Prozesskosten wird Gary Brooker, der seinen Ärger über die ganze Angelegenheit nie wirklich unterdrücken konnte, wahrscheinlich etwas blass um die Nase geworden sein, oder vielleicht auch noch etwas blasser - oder wie Keith Reid es ausdrückte: a whiter shade of pale...

The Beatles: *Back In The U.S.S.R.*

Wie es dazu kommen konnte, dass die Beatles mitten im
Kalten Krieg die Sowjetunion und die russischen Mädchen
lobten.

Im Mai 2003 trat der Ex-Beatle Paul McCartney auf dem Roten Platz in Moskau auf. Er spielte neben vielen anderen Beatles-Klassikern auch den 1968 veröffentlichten Titel *Back In The U.S.S.R.* Der russische Staatspräsident Vladimir Putin, der sich bei dieser Gelegenheit gegenüber McCartney als Beatles-Fan outete, besuchte das Konzert als einer von 20.000 Menschen.

Wie sich die Zeiten ändern. 35 Jahre zuvor, als die Beatles den Zenit ihrer Karriere gerade überschritten hatten und sich erste Streitereien und musikalisch unterschiedliche Ansichten innerhalb der Band nicht mehr übertünchen ließen, herrschte in der Welt noch immer der Kalte Krieg. In der Sowjetunion, die sich wie der gesamte Ostblock vehement gegen westliche Werte stellte, und eine vollkommene Abschottung seiner Bürger praktizierte, war die Musik der Beatles verboten. Sie durften im Rundfunk nicht gespielt werden, Läden durften keine Beatles-Platten verkaufen, und die Medien durften ihre Namen nicht erwähnen. Dass dies die Musik umso begehrter machte, versteht sich von selbst. Und dass trotz strengster Kontrollen immer wieder LPs die Grenze passieren konnten, ist auch klar. Der Schwarzmarkt mit Beatles-LPs blühte und ließ die Beatlemania auch in den Ostblock schwappen.

In diesem Jahr brachten die Beatles ihr Weißes Album, das *White Album*, heraus, dessen erstes Stück das oben erwähnte *Back In The U.S.S.R.* war. Im Liedtext priesen die Beatles die UdSSR und vor allem die Vorzüge der ukrainischen und Moskauer Frauen. In der westlichen Welt herrschte Befremden. Sympathisierten die Beatles mit den Kommunisten? Drückten sie damit eine politische Gesinnung aus? Die Beatles waren aber keine politische Band. Wie war dieser Song nun zu verstehen? Die Spur führt nach Indien.

Die Beatles waren ja bekanntermaßen 1968 zu einem längeren Aufenthalt in Indien beim Guru Maharishi Mahesh Yogi eingetroffen, um durch die damals in der Künstlerszene sehr angesagte Meditation ihren künstlerischen Horizont zu erweitern und ihre Kreativität zu fördern. Sie waren dort allerdings nicht allein. Auch andere Berühmtheiten aus dem Showbusiness, wie zum Beispiel Donovan, oder Mike Love von der amerikanischen Boyband The Beach Boys wollten sich in der Abgeschiedenheit des indischen Ashram selbst finden. Neben Gesprächen und Meditationen wurde dort auch viel musiziert. Bei einer dieser Sessions der Beatles mit Mike Love entstand die Idee zu *Back In The U.S.S.R.*, und zwar als nicht ganz ernst gemeinte neue Version zweier verschiedener Songs, *California Girls* von den Beach Boys und *Back In The U.S.A.* von Chuck Berry.

1965 hatten die Beach Boys mit *California Girls* ihre Hymne auf die amerikanischen Frauen veröffentlicht, verbunden mit dem Wunsch sie könnten alle in Kalifornien, der Heimat der Beach Boys, leben. Schon im Jahr 1959 war der andere patriotische Song erschienen, auf den sich *Back In The U.S.S.R.* bezieht. Chuck Berry's *Back In The U.S.A.* war ein mittelmäßiger Rock'n'Roll-Song, der inhaltlich die Freude zum Ausdruck bringt, wieder zu Hause in den USA angekommen zu sein.

Die Idee war nun, einen Song zu schreiben, der sozusagen in parodistischer Art und Weise nicht die Vorzüge der USA und der Mädels dort, sondern die der UdSSR in den Vordergrund rückte. *California Girls* und *Back In The U.S.A.* sind in der neuen Version aber nicht nur inhaltlich wieder zu finden, sondern auch musikalisch.

Chuck Berry war einer der einflussreichsten Rock'n'Roller, und den Beatles natürlich auch bestens bekannt, da sie mit Coverversionen amerikanischer Rock'n'Roll-Titel ihre Karriere begonnen hatten. Deshalb ist es auch kein Zufall, dass *Back In The U.S.S.R.* mit den verzerrten Gitarren, dem treibenden Rockschlagzeug und energiegeladenen Gesang ein Stück Rock'n'Roll in etwas neuerem Gewand ist.

Man kann aber auch die Referenz an die Beach Boys gut hören. Der Backgroundchor ist deutlich im Beach-Boys-Sound gehalten; eben eine kleine nette Verbeugung vor den Kollegen und Hinweis auf die Entstehung. Wenn wir schon bei Referenzen sind: auch die Textzeile, in der die Beatles „Georgia" erwähnen, ist ein Zitat aus dem Jazz-Standard *Georgia On My Mind*, der von Hoagy Carmichael komponiert und von Ray Charles unsterblich gemacht worden war. "Georgia" meint in diesem Fall aber nicht den amerikanischen Bundesstaat Georgia, sondern das im Englischen gleichnamige Georgien.

Interessant vielleicht noch, dass auf der Aufnahme von *Back In The U.S.S.R.* nicht Ringo Starr trommelt, der wegen eines Streits das Studio verlassen hatte, sondern Paul McCartney.

Joe Cocker: *With A Little Help From My Friends*

Ringos charmantes Liedchen mutiert zur gefeierten Blues-rock- und Gospelhymne

Es ist im August 1969 beim legendären Woodstock-Festival. Joe Cocker steht mit seiner Grease-Band auf der Bühne und - man muss es so sagen - schreit sich die Lunge, beziehungsweise die Seele aus dem Leib. *With A Little Help From My Friends*, das ist der Song, der seine Karriere begründet. Untermalt von den etwas seltsamen, unharmonischen Bewegungen, die sein Markenzeichen werden sollen.

Man könnte den Song in der Version von Joe Cocker - auch wenn man mit Superlativen vorsichtig sein sollte - sicher mit Fug und Recht als eine der besten Coverversion aller Zeiten betiteln. Vor allem die Intensität des Covers stellt das Original der Beatles in den Schatten.

Doch auch das Original, das die Beatles im März 1967 für das heute oft als erstes Konzeptalbum bezeichnete *Sgt. Pepper's Lonely Hearts Club Band* schreiben, ist in gewisser Hinsicht ein kleines Meisterwerk. Lennon und McCartney schaffen es hier, dem - um es vorsichtig auszudrücken - nicht über besonders ausgeprägte stimmliche Fähigkeiten verfügenden Ringo Starr einen perfekten Song auf den Leib zu schreiben. Einen Song, der zu dem Spaßvogel der Band charakterlich passt, der zwar etwas banal, aber mit Charme und Witz daherkommt, und der sehr gut auf die stimmlichen Möglichkeiten Ringos ausgerichtet ist.

Der Tonumfang von *With A Little Help From My Friends* ist nämlich auf eine Quinte in bequemer Mittellage (e - h) beschränkt, die Ringo nur für den hohen, von den anderen unterstützten Schlusston verlässt. Damit die Melodie nicht zu eintönig wird legen die Beatles den Song ab der 2. Strophe als Frage- und Antwortspiel zwischen Ringo auf der einen und John und Paul auf der anderen Seite an.

Ringo hat in den Strophen den Frage-Part, was sich in der Bridge dann dreht. Hier übernehmen die beiden anderen Beatles den Frage-Part in höherer Lage, damit Ringo in seiner bequemen Lage antworten kann.

Dass es bei der Entstehung, passend zum Endergebnis - nicht ganz ernst zuging, aber trotzdem harte und intensive Arbeit dahintersteckte, kann man den Ausführungen des Journalisten Hunter Davies entnehmen, der als autorisierter Beatles-Biograph den Vieren bei der Arbeit zuschauen durfte. Demnach entstand der Liedtext in ausgeprägtem Teamwork, bei dem vieles angedacht, aber dann auch wieder verworfen wurde, unter anderem die Idee für eine Textzeile: *"What would you do if I sang out of tune? Would you stand up and throw tomatoes at me?"*, die Ringo aus nachvollziehbaren Gründen ablehnte. (21)

Das Bewundernswerte ist nun, wie aus einem netten Spaßliedchen ein Song mit intensivstem Ausdruck werden kann. Das liegt natürlich zum großen Teil an der Ausdrucksfähigkeit und enormen stimmlichen wie körperlichen Präsenz Joe Cockers, aber auch an den musikalischen Veränderungen, die am Original der Beatles vorgenommen wurden.

Die gravierendste Änderung ist sicherlich das sehr stark verlangsamte Tempo. Dadurch wird aus dem triolischen Shuffle-Rhythmus der Beatles ein sehr langsamer 12/8-Blues, bei dem die Viertelbeats durch das langsame Tempo eigentlich schon als einzelne Dreiertakte wahrgenommen werden. Joe Cocker spricht auch selbst davon, aus dem Original einen Walzer gemacht zu haben (22). Das wird auch unterstützt durch die Begradigung der Melodie. Die vorgezogenen Synkopen der Beatles-Version (bei „do", „sang" und „tune"...) kommen in der Cocker-Version direkt auf die Eins des Dreier-Taktes (respektive Viertel-Beats).

Natürlich tragen auch die in bester Gospel-Manier agierenden Backgroundsängerinnen dazu bei, dem Song einen absolut neuen Sound zu geben, genauso wie die impulsiv, improvisatorisch und bluesig aufspielende Grease-Band.

Hierbei ist allein schon das Intro bemerkenswert und aussagekräftig. Bei den Beatles noch ein Sache von circa 8 Sekunden, ist das Intro bei Joe Cocker schon eine kleine Welt für sich. Es war Joe Cockers Idee, seinen klassisch ausgebildeten Keyboarder Tommy Eyre zu einem von Barockmusik inspirierten Orgelsolo zu Beginn zu ermuntern (23). Hierbei stand sicherlich auch Procul Harums *A Whiter Shade Of Pale* Pate. Nach diesem solistischen Beginn steigt nach und nach die ganze Band ein und treibt das Intro auf einen Höhepunkt zu, nach dessen Abklingen nur der E-Bass übrigbleibt. Dies dauert schon fast eine Minute, und bedeutet in der schnellen Welt der Popmusik, in der radiotaugliche Songs insgesamt nicht länger als dreieinhalb Minuten sein dürfen, eine kleine Ewigkeit.

Serge Gainsbourg & Jane Birkin: *Je t'aime (moi non plus)*

Über den Skandalsong der späten 1960er und die Wirksamkeit von Verboten

Serge Gainsbourg sagte später einmal, der Papst sei wohl sein bester PR-Mann gewesen. So kann man es auch sehen. Aber dem damaligen Papst Paul VI. blieb wohl keine andere Alternative als einzuschreiten, was er mittels eines Artikels in der amtlichen vatikanischen Zeitung *L'Osservatore Romano* dann auch tat.

Was war geschehen? Ein französisches Enfant Terrible (Serge Gainsbourg) hatte ein zusammen mit einer britischen Schauspielerin (Jane Birkin) aufgenommenes Stück Popmusik veröffentlicht. Allerdings kein gewöhnliches, sondern in den Ohren vieler Zeitgenossen unglaubliches, skandalöses Stück. Auch wenn der Text französisch war, brauchte man nicht viel Fantasie, um bei dem Gestöhne, das da aus den Lautsprechern drang, festzustellen worum es ging.

Die Regierung in Italien gab dem Drängen des Vatikan bald nach und setzte das Stück auf den Index. Weder im Radio noch im Fernsehen durfte es gespielt werden. Auch die von jeher konservative BBC in London zog bald nach. Spanien, Schweden und Brasilien folgten. Dem Papst mag das eine Genugtuung gewesen sein, aber es hatte, wie so oft, einen völlig gegenteiligen Effekt.

Die Erkenntnis, dass solche Verbote die Neugier erst recht entfachen, ist eigentlich keine Neue, und sollte sich doch auch damals schon herumgesprochen haben. Es ist also kein Wunder, dass den Händlern die Platte regelgerecht aus den Händen gerissen wurde. Die erste Million war schnell erreicht, und im August 1969 war *Je t'aime* trotz nicht vorhandenem Radioeinsatz auf Platz 1 der Single Charts in England.

Serge Gainsbourg, der *Je t'aime* auch geschrieben hatte, hatte dies allerdings schon zwei Jahre zuvor, also 1967, getan. Allerdings nicht für Jane Birkin als Partnerin, denn die kannte er zu diesem Zeitpunkt noch nicht. Die Angebetete damals war niemand Geringeres als die Filmlegende Brigitte Bardot, die mit Gainsbourg eine leidenschaftliche Affäre hatte, obwohl sie seit 1966 mit dem Millionär und Playboy Gunther Sachs verheiratet war. Es existierte sogar schon eine fertige Aufnahme mit den beiden, die unter „heißen" Umständen im Studio entstanden war. Ein anwesender Techniker berichtete später von „heavy petting" in der kleinen Aufnahmekabine, in der Bardot und Gainsbourg die Gesangsspur gemeinsam einspielten. Kein Wunder, dass Bardots Ehemann ausflippte, als er Wind von der Sache bekam, und die Aufnahme auf Drängen Bardots unter Verschluss gehalten wurde. Sie wurde erst im Jahr 1986 veröffentlicht, als schon ziemlich viel Gras über den Skandal gewachsen war.

Doch zurück in die 1960er Jahre. Nach der ärgerlichen Panne mit der nicht verwertbaren Aufnahme war Gainsbourg auf der Suche nach einer neuen Partnerin für *Je t'aime*. Er fand sie recht schnell in der britischen Schauspielerin Jane Birkin die er kennen und lieben lernte. Mit ihr nahm er den Titel neu auf, der dann im Januar 1969 auf eine staunende Öffentlichkeit traf. Birkin berichtet, dass Gainsbourg am Abend, nachdem die Aufnahme fertig war, mit Birkin in dem Hotel zu Abend aß, in dem die beiden wohnten. Gainsbourg machte sich den Spaß, dem DJ, der für die seichte Hintergrundmusik zuständig war, die Aufnahme zu geben. (24) Der Erfolg? Das kann man sich gut vorstellen. Messer und Gabeln in der Luft. Totenstille. Gainsbourgs trockener Kommentar: *„Ich denke wir haben einen Hit."* (25) Wie recht er doch hatte!

The Band: *The Night They Drove Old Dixie Down*

1865 fällt im Amerikanischen Bürgerkrieg die Stadt Richmond und besiegelt damit die Niederlage der Südstaaten.

Die Band „The Band" waren schon eine etwas seltsame Erscheinung. Vor der Kulisse der Appalachian Mountains, mit ihren langen Bärten, den altmodischen Klamotten und Hüten, sahen sie aus, als wären sie direkt einem vergilbten Foto aus der Zeit des Amerikanischen Bürgerkriegs entsprungen. Nicht nur ihr Aussehen erinnerte daran, auch ihre Lieder erinnerten an die Zeit Abraham Lincolns, als Vaudeville- und Minstrel Show-Truppen durch die Lande zogen und die Quacksalber auf den Jahrmärkten dem gutgläubigen Publikum ihren Schund verkauften.

Diese Rückwärtsgewandtheit setzten sie auch in ihrer Musik um, spielten ohne modische elektronische Gimmicks, und benutzten traditionelle, akustische Instrumente. Sie versuchten, einen bewussten Gegenpol zu der Musik der Hippies zu setzen und in ihren Songs in Amerika verwurzelte Geschichten zu erzählen.

In die amerikanische Vergangenheit führt auch der wohl bekannteste Song von The Band, *The Night They Drove Old Dixie Down*. Er handelt vom Amerikanischen Bürgerkrieg.

Zwischen 1861 und 1865 bekämpften sich in den USA die Nordstaaten und die Südstaaten in einem erbittert geführten Bürgerkrieg. Auslöser war die Sklavenfrage. Der Norden unter dem Präsidenten Abraham Lincoln befürwortete die Abschaffung der bis dahin hauptsächlich im Süden praktizierten Haltung von Schwarzen als Arbeitssklaven. Die Südstaaten, die wirtschaftlich davon abhängig waren, dass die Sklaven auf den großen Plantagen schufteten, wehrten sich gegen die Abschaffung. Im daraus folgenden Bürgerkrieg gewann schließlich der industrielle Norden die Oberhand gegen die an Material unterlegenen, aber dafür umso leidenschaftlicher kämpfenden Südstaaten, die sogenannte Konföderation (Confederacy).

Diese wurden volkstümlich auch "Dixie" oder "Dixieland" betitelt - eine Bezeichnung, deren Ursprung unklar ist. Möglicherweise wurde "Dixie" von der Mason-Dixon-Line abgeleitet, einer offiziellen Grenzziehung zwischen den Staaten Pennsylvania und Delaware im Norden und West Virginia und Maryland im Süden, die symbolisch zur Grenze zwischen Nord- und Südstaaten wurde. Eine andere Theorie führt den Namen auf die im Süden gebräuchlichen, auf der Rückseite mit französisch "dix" bezeichneten Zehn-Dollar-Banknoten zurück.

The Night They Drove Old Dixie Down wird aus der Perspektive des Ich-Erzählers Virgil Caine geschildert, der die Ereignisse des amerikanischen Bürgerkriegs aus der Sicht eines nicht in die Kämpfe verwickelten Bewohners des Süden beobachtet und den Verlust des "alten Südens" mit Wehmut und Bitterkeit erlebt. Er verliert seinen Job bei der Eisenbahn, da die Schienen zerstört werden, verliert seinen Bruder, der durch einen Yankee, einen Angehörigen der Nordstaaten, getötet wird, und sieht den Fall der Stadt Richmond, Virginia, 1865, die das Ende des Kriegs besiegelt, und von den kapitulierenden Truppen niedergebrannt wird.

Die im Text erwähnten Personen sind Robert E. Lee, ein gefeierter General der Südstaatenarmee, George Stoneman ein General der Gegenseite, der Armee der Nordstaaten. Der Danville Train bezieht sich auf die von der Stadt Richmond zur südöstlich davon gelegenen Stadt Danville verlaufenden Bahnlinie.

Sehr bekannt wurde der Titel durch die 1971 veröffentlichte Coverversion der amerikanischen Folklegende Joan Baez. Dem Erfolg dieser Version tat keinen Abbruch, dass der Liedtext eigentlich aus der Perspektive eines Mannes erzählt wird. 1972 gelang der erst 15-jährigen Juliane Werding mit einer Coverversion mit dem Titel *Am Tag als Connie Kramer starb* der Durchbruch. Es ist ein Anti-Drogen-Song, der aus heutiger Sicht allzu pathetisch und weinerlich daherkommt.

Die 1970er Jahre

1970

George Harrison: *My Sweet Lord*

Der Plagiatsfall *My Sweet Lord* - *He's So Fine*

Um es gleich vorweg zu sagen. Selten ist ein Plagiatsfall klarer und deutlicher gewesen als im Fall *My Sweet Lord* und *He's So Fine*. Die Übereinstimmungen zwischen den beiden Songs sind frappierend. So frappierend, dass es keine zwei Meinungen geben kann. Auch wenn, wie George Harrison immer wieder betonte, auch ein gutes Stück *Oh Happy Day* mit drinsteckt.

1960 hatte der aus ärmlichen Verhältnissen in Harlem stammende, damals erst 20-jährige Songwriter Ronnie Mack drei 13- und 14-jährige Mädels aus der James Monroe High School in der New Yorker Bronx singen gehört, sie unter seine Fittiche genommen und sie „The Chiffons" genannt. Die richtigen Songs für die Gruppe, die später zu einem Quartett erweitert wurde, hatte er auch schon in der Schublade.

Er wurde mit Demobändern bei Bright Tunes Music vorstellig, ein Musikverlag, der von den Mitgliedern der Tokens, einer Doo-Wop-Vokalgruppe, gegründet worden war. Die nahmen den Song *He's So Fine* aus der Feder von Mack mit den Chiffons neu auf. 1963 war dies ein Nummer 1 Hit für die Chiffons. Zu dieser Zeit war Mack schon an Leukämie erkrankt und starb noch im selben Jahr mit nur 23 Jahren. Immerhin konnte er mit den nach seinem Tod anfallenden Tantiemen seiner armen Familie aus den gröbsten Nöten heraushelfen.

Auch die Beatles waren 1963 schon gut im Geschäft und kannten natürlich die aktuelle Musik Englands und der USA. Möglicherweise drang der gutgelaunte Doo-wop-Song mit dem charakteristischen Doo-lag-doo-lang-doo-lang-Backgroundgesang damals tief ins Unterbewusstsein von George Harrison.

64

1970 - da waren die Beatles schon Geschichte – war George Harrison in einer seiner kreativsten Phasen. Der „stille Beatle", wie er auch genannt wird, war von John Lennon und Paul McCartney als Songwriter klein gehalten worden, denn sie ließen nicht viele Songs aus George Harrisons Feder auf den Beatles-Alben zu. Anscheinend musste er um jeden einzelnen kämpfen.

Dass Harrisons erstes Solo-Album (*All Things Must Pass*, 1970) nach der Trennung der Beatles, das nur aus Harrisons Eigenkompositionen bestand, gleich drei LPs umfasste, zeigt nun zweierlei: Zum einen dass sich viel Material angesammelt haben musste, das er bei den Beatles nicht unterbringen konnte, und zum anderen dass er durch die schiere Größe des Projekts den anderen Beatles beweisen wollte, dass er wohl zu Unrecht klein gehalten wurde.

Auf *All Things Must Pass* fand sich auch das Stück *My Sweet Lord*. Dieses Lied sollte ihm zwar den größten Erfolg, aber auch den wohl größten und vor allem lang anhaltenden Ärger einbringen. Denn, so der Vorwurf, Harrison soll den Song nicht selbst komponiert haben, sondern bei *He's So Fine* von den Chiffons abgekupfert haben. Und da George Harrison sich als Komponist von *My Sweet Lord* eintragen hat lassen, wäre dies ein Diebstahl geistigen Eigentums, ein sogenanntes Plagiat.

Bright Tunes, der Musikverlag, bei dem nach Ronnie Macks Tod die Rechte für *He's So Fine* lagen, hatte geklagt, nachdem *My Sweet Lord* in den Hitparaden erfolgreich wurde. Das war im Jahr 1971, aber der Rechtsstreit sollte sich noch bis in die 1990er Jahre hinziehen.

Harrison kam nicht umhin, die Ähnlichkeiten zwischen den beiden Songs anzuerkennen und so bemühte man sich um einen außergerichtlichen Vergleich, an dem Bright Tunes angesichts der gebotenen Summe von kolportierten $150.000 allerdings kein Interesse hatte. 1976 kam es dann schließlich zum Gerichtsverfahren und nach längeren Analysen beider Songs zum Schuldspruch des Richters, der Harrison verurteilte. Allerdings konnte George Harrison nicht nachgewiesen werden, dass er bewusst plagiarisiert hätte. Der

Richter sah jedoch ein unbewusst vorgenommenes Plagiat als gegeben (subconscious plagiarism) und Harrison wurde zur Zahlung der mit *My Sweet Lord* nach dem Gerichtsurteil zu Unrecht eingenommenen Tantiemen verurteilt. Die Höhe dieser Zahlung wurde festgesetzt auf $1,599,987. Das waren drei Viertel der Tantiemeneinnahmen in Nordamerika und ein gewisser Anteil der Einnahmen des Albums *All Things Must Pass*.

Doch bevor die Zahlung geleistet wurde, nahm der Fall eine interessante Wendung. Der ehemalige Manager der Beatles, Allen Klein, vertrat George Harrison in dem Rechtsstreit. 1973 wurde sein Vertrag nicht verlängert, da Unregelmäßigkeiten aufgetreten waren. Genau dieser Allen Klein kaufte nun Bright Tunes für $587,000 und wäre somit in den Besitz der Strafzahlung von $1,599,987 gekommen. Dagegen klagte nun Harrison und bekam 1981 recht. Die Höhe der Nachzahlung wurde auf genau die Summe reduziert, für die Klein Bright Tunes gekauft hatte. Schlussendlich wurde der Rechtsstreit erst 1998 endgültig zu den Akten gelegt, fast 30 Jahre nach Beginn!

Liest man heute die Kommentarspalten der Internetseiten, die die Geschichte des Songs und des Rechtsstreits beleuchten, findet man von den Fans George Harrisons immer wieder ähnliche Aussagen, die darauf hinauslaufen, dass das doch gar kein Plagiat sei und das Urteil ein Witz, denn beide Songs seien doch so unterschiedlich, vor allem auch in ihrem Ausdruck. Das ist natürlich sehr richtig, aber darum geht es ja beim Plagiatsvorwurf gar nicht. Es geht um die Dinge, die gleich oder sehr ähnlich sind, und nicht um die natürlicherweise vorhandenen Unterschiede. Beide Songs sind in ihrer Ästhetik meilenweit voneinander entfernt, und das obwohl gerade mal sieben Jahre dazwischen liegen. Daran sieht man auch, welche unfassbare Entwicklung die Popmusik in den späten 1960er Jahre genommen hat. Die Beatles repräsentieren diese Entwicklung. Auch bei ihnen sind die Anfänge in den frühen 1960er Jahren nicht zu vergleichen mit dem Spätwerk eine gute Dekade später.

Viele Inspirationsquellen haben diese Entwicklung begünstigt, unter anderem auch religiöse. So ist *My Sweet Lord* nach Aussage Harrisons stark vom Gospelstück *O Happy Day*, das die Edwin Hawkins Singers 1969 veröffentlicht hatten beeinflusst. Harrison wollte mit *My Sweet Lord* eine Brücke zwischen westlichen und östlichen Religionen schlagen. Er hatte sich ja seit Mitte der 1960er Jahre sehr für den Hinduismus begeistert und sich Ende der 1960er der aufkommenden Hare Krishna-Bewegung angeschlossen. Diese Form des Hinduismus verehrt den Gott Krishna und betet ihn mit dem Mantra "Hare Krishna, Hare Krishna, Krishna Krishna, Hare Hare. Hare Rama, Hare Rama, Rama Rama, Hare Hare" an, das der Backgroundchor am Schluss von *My Sweet Lord* singt. Davor wird diese Stelle vom Chor mit dem Text "Hallelujah" gesungen, der hier den westlich geprägten Glauben vertritt.

Bill Withers: *Ain't No Sunshine*

`You gotta mike the box.`

Man kann sich das Gesicht des Toningenieurs Bill Halverson lebhaft vorstellen. Den ungläubigen Blick, die hochgezogenen Augenbrauen. Wie war das nochmal? „You gotta mike the box." Bill Halverson war Profi genug, um die Box zu mikrophonieren, ohne in größere Diskussionen einzusteigen. Studiozeit war schon immer knapp und wertvoll. Und man hatte für diesen unbekannten Sänger, der die unkonventionelle Forderung stellte, eh nur vier Studiotage mit je drei Stunden Zeit.

Der bis dato unbekannte Sänger war Bill Withers. Er war in der Tat ein ziemliches Greenhorn. Aus den einfachen Verhältnissen einer Bergbaufamilie in der Provinz West Virginias stammend hatte er sich nach der Schule der US Navy angeschlossen. In den neun Jahren bei der Army begann er zu singen und Songs zu schreiben. Nachdem er die Army 1965 verlassen hatte, ging er nach Los Angeles. Er ging einer geregelten Arbeit beim kalifornischen Flugzeugbauer Douglas nach, wo er Flugzeugtoiletten montierte. Nebenbei produzierte er Demotapes von seinen Songs, die er an Plattenfirmen verschickte. Anfang 1970 hatte er Erfolg bei Sussex Records.

Die frühen 1970er Jahre waren eine Zeit des radikalen Umbruchs in der populären Musik. Das Lebensgefühl der 1960er Jahre, die Zeit von Love and Peace war definitiv vorüber. Die Beatles, die Über-Band der 1960er, hatten sich aufgelöst und der Soul-Sound der Hit-Schmieden wie Motown hatte sich ausgereizt. Zudem spürte man die Folgen des Drogenkonsums – mit Janis Joplin, Jimi Hendrix und Jim Morrison waren die ersten Drogentoten unter den Musikern zu beklagen.

Doch was kam danach? Der Rock der 1960er entwickelte sich in den 1970ern weiter zu Hard Rock, Classic Rock und Bombast-Rock mit immer mehr Aufwand und Komplexität. Die Synthesizer-Türme eroberten die Bühnen und sorgten für neue Sounds. Der Soul ging über in den nicht minder komplexen Funk, der auch Elemente aus dem Jazz aufnahm. Doch es gab auch eine Bewegung, die für eine neue Simplizität stand, durchaus in Nachfolge der Singer-Songwriter der 1960er Jahre, aber auch in der Tradition des Blues-sängers, der begleitet von seiner Gitarre seine Geschichten erzählt.

Ain't No Sunshine steht durchaus in der Tradition des Blues. Es ist im Grunde ein ganz einfach gehaltenes Liedchen und hat diesen melancholischen Unterton der den meisten Blueskompositionen zu eigen ist. Harmonisch ist der Song ein Mollblues mit Mollakkorden auf den Tonstufen I, V und IV. Blues-typisch ist auch die pentatonische Anlage der Melodie. Wie bei den Blues-Songs fehlt ein eigentlicher Refrain, dafür wird die Hook-Line, die den Song eröffnet, innerhalb der Strophen gleich wiederholt.

Und so kam Bill Withers an diesem ersten Studiotag mit seiner Gitarre, einem Stuhl mit senkrechter Lehne und der besagten Box ins Studio gelaufen. Die Box, eine unten offene Holzkiste, 10 cm hoch und 1 m auf 1,20 m in der Fläche, stellte er in die Mitte des Studios, wo ihn der Tontechniker hinbeorderte, und den Stuhl darauf. (1)

Sussex Records hatte für Bill Withers in Booker T. Jones einen professionellen Produzenten zur Verfügung gestellt. Aber auch die für die Aufnahmesessions bereitstehenden Musiker waren alles versierte Profis. Es waren Stephen Stills an der E-Gitarre, Donald Dunn am E-Bass und der Schlagzeuger Al Jackson (Die Streicher wurden später in Memphis aufgenommen). Bill Withers war sich als Neuling seiner Stellung in dieser Runde durchaus bewusst – bescheiden wie er war. So verließ er sich auch vollkommen auf den Rat der erfahrenen Kollegen, wie zum Beispiel bei der berühmten „I know, I know"-Stelle im Song. Eigentlich eine Art von Platzhalter, mal so dahinimprovisiert, bis etwas Besseres nachkommt, fanden alle, dass diese 26 I-know's einen besonderen Charme besäßen und man das so auf der Aufnahme lassen solle.

Nur bei der Sache mit der Box, da war Bill Withers eigensinnig. Ohne Box war das nicht zu bewerkstelligen. Haben Sie, verehrter Leser, die Box schon einmal gehört? Nein? Also, dann noch einmal die Aufnahme abspielen, am besten in guter Qualität, und genau zuhören. Am besten hört man sie zu Beginn, bevor die Band einsteigt. Hier klopft Withers den Fuß in gleichmäßigen Vierteln auf die Box. Deutlich zu hören ist die Box auch bei der I-know-Stelle. Der helle perkussive Sound des Schuhs, der auf die Holzkiste klopft, kontrastiert mit der dunkler klingenden Bass-Drum. Beide zusammen ergeben ein interessantes rhythmisches Pattern.

Es ist ja nichts besonderes, dass Popularmusiker mit ihren Füßen zur Musik dazu wippen, tippen oder stampfen, aber bei Withers ist dies ganz bewusst Teil der Performance und bekommt durch die Feinheit und die besondere rhythmische Gestaltung quasi einen künstlerischen Stellenwert. Ganz nebenbei steht dieses Fußklopfen auch symbolisch für diesen sympathischen, bodenständigen und noch nicht von den Mechanismen der Unterhaltungsindustrie vereinnahmten Musiker und es ist nur mehr als gerecht, dass er mit dieser Natürlichkeit Erfolg hatte.

Don McLean: *American Pie*

Buddy Holly und der Tag an dem die Musik starb - Don McLeans verschlüsselte Hommage an die Musik der 1950er bis 1970er

Am Ende war es ein anonymer Bieter, der bei der Auktion im April 2015 in New York den Zuschlag für das Originalmanuskript von Don McLeans *American Pie* bekam. Don McLean selbst hatte aus Anlass seines nahenden 70. Geburtstages das 18-seitige Manuskript zur Versteigerung freigegeben - aus einer Laune heraus, wie er selbst sagte. Das Manuskript enthält nicht nur die fertige Version des Liedtextes, sondern auch die Genese, inklusive Anmerkungen und verworfener Textpassagen. Einige Seiten aus dem Manuskript sind auf Bildern einsehbar. Somit ist die Welt nun um eine nicht verwendete Strophe reicher, Don McLean durch die Veräußerung dieses Dokuments um schlappe 1,2 Millionen Dollar. Aber die neuen Einsichten in das Werk, die McLean selbst versprochen hatte, sind bei der Auktion dann doch nicht entstanden.

Denn das Dokument wird wohl durch den neuen Eigner genau so hermetisch weggeschlossen bleiben (jetzt aufgrund des Wertes wohl im Tresor), wie es jahrelang durch Don McLean geschehen war. Somit werden die kryptischen und vieldeutigen Anspielungen in *American Pie* auch in Zukunft Anlass für Interpretation, Deutung und Rätselraten bieten. Was im Grunde vielleicht auch gut so ist, denn nur das Rätselhafte fasziniert. Das wusste auch Don McLean, der sich selbst ja nie groß zum Inhalt geäußert hat und der immer wieder wissen ließ, dass er keine detaillierte Analyse seines poetischen Liedtextes liefern und in würdevollem Schweigen verharren würde.

Doch es gibt rund um *American Pie* auch gesicherte Fakten. Es geht in dem Song um den von Don McLean verehrten und 1959 bei einem Flugzeugabsturz in Iowa zusammen mit seinen Kollegen Ritchie Valens und J.P. Richardson Jr. (The Big Bopper) tödlich verunglückten Rock'n'Roll-Musiker Buddy Holly. Die drei Musiker hatten das Flugzeug während einer anstrengenden Tour durch den Mittleren Westen gechartert, um die lange und strapaziöse Busfahrt zum nächsten Auftrittsort zu vermeiden. Schon kurz nach dem Start zerschellte das Kleinflugzeug in einem Feld. Ausgelöst wurde der tragische Absturz sehr wahrscheinlich dadurch, dass der junge Pilot nicht dafür ausgebildet war, bei dem an diesem Abend vorherrschenden schlechten Wetter nur nach Instrumenten, und nicht nach Sicht zu fliegen.

Don McLean erfuhr von dem Absturz, als er als "paper boy" Zeitungen austrug. An diesem Tag, dem Tag des Absturzes, starb für Don McLean die Musik. Ausgehend hiervon erzählt er aus seiner persönlichen Sicht in sechs Strophen die Geschichte der Pop- bzw. Rockmusik von den unschuldigen 1950ern über die turbulenten 1960er bis in die beginnenden, desillusionierenden 1970er, in denen er den Song schrieb. Dabei verschlüsselt Mc-Lean Personen und Ereignisse der Zeitgeschichte, indem er sie poetisierend umschreibt oder ihnen neue Namen gibt und so Spielraum für Interpretation lässt.

Don McLean selbst erklärt diesen Umstand dadurch, dass sich der Songtext wie ein Traum verhält, in dem Logik und Fantasie eng beieinander liegen, und sich so eine genaue Analyse des Textes nicht anfertigen lässt.

So spielen wohl unter anderem Bob Dylan, Elvis, die Beatles, Mick Jagger, Janis Joplin, sowie die Ereignisse in Altamont und andere, alltägliche Begebenheiten aus dem Leben der amerikanischen Jugend der 1950er und 1960er Jahre eine Rolle.

Einen verschlüsselten Hinweis auf Buddy Holly gibt es dann auch noch musikalisch, denn der Refrain von *American Pie* entspricht weitestgehend dem Refrain von Buddy Hollys Song *I'm Gonna Love You Too* aus dem Jahr 1957.

Als unwahr hat sich inzwischen die Information herausgestellt, bei *American Pie* handle es sich um den Namen des verunglückten

Flugzeugs der drei Musiker. Dem ist nicht so. *American Pie*, und hier speziell die erste Zeile des Refrains, verweist auf das Lebensgefühl der 1950er und den Verlust der Unschuld durch das Abrutschen in die dunkleren 1960er, symbolisiert an den jungen Frauen jener Zeit, die so uramerikanisch waren wie apple pie, und die es inzwischen nicht mehr gibt.

Was sich aber im April 2015 bei der Auktion mal wieder als sehr wahr erwiesen hat, ist die Antwort, die McLean gerne auf die Frage gibt, was *American Pie* bedeute. Er pflegt immer zu sagen, es bedeute, dass er nie wieder arbeiten müsse. (2) Dabei dürften Summen wie die 1,2 Millionen für McLean nichts Außergewöhnliches darstellen. Denn in einem auf der Webseite MarketWatch veröffentlichten Interview gibt McLean 2019 offene und interessante Einblicke in seine Einkommensverhältnisse.

So gibt er dort an (3), insgesamt mit seiner Musik circa 150 Millionen US-Dollar verdient zu haben! Die darin enthaltenen Einnahmen durch Tantiemen, vor allem für *American Pie* beliefen sich laut McLean demnach auf weit mehr als die vom Interviewer genannten 300.000 US-Dollar pro Jahr. Grund dafür seien unter anderem Lizenzierungen für die Verwendung von *American Pie* in Filmen oder Werbespots, für die ohne Weiteres Millionensummen abgerufen werden könnten. (4) Allerdings gibt McLean im selben Interview auch zu bedenken, dass dies Brutto-Einnahmen seien und ihm vor allem in den 1970er Jahren durch eine extrem hohe Besteuerung und sonstige Ausgaben nur circa 15% der Einnahmen übriggeblieben seien. (5) 15% von 150 Millionen sind dennoch genug, um davon mehr als komfortabel leben zu können. Zumal der Geldfluss ja nie wirklich versiegt.

Auch wenn man als Otto-Normalverdiener angesichts solcher Summer erst einmal mehrfach schlucken muss, sei es Don McLean dennoch gegönnt, dafür dass er die Welt um einen epochalen Song reicher gemacht hat.

Cat Stevens: *Morning Has Broken*

Ein altes gälisches Volkslied schafft die Verwandlung zu einem Popsong

Rick Wakeman ist ein sympathischer und grundanständiger Mensch. Vielleicht sogar ein wenig zu anständig. Vielleicht steht er aufgrund seines Alters (er wurde 1949 geboren) inzwischen einfach auch über den Dingen. Denn er hätte guten Grund mit seinem Schicksal oder zumindest mit Cat Stevens zu hadern. Rick Wakeman war nämlich eine zentrale Figur bei der Entstehung des Welthits und Millionensellers *Morning Has Broken* und ist dabei in finanzieller Hinsicht alles andere als gerecht behandelt worden. Dennoch hört man von ihm heute kein kritisches Wort.

Die Melodie von *Morning Has Broken* ist eine alte traditionelle schottische Hymne. Der englische Sänger und Songwriter Cat Stevens war Ende der 1960er Jahre nach seiner überstandenen Tuberkulose-Erkrankung in einer Hymnensammlung auf die Melodie gestoßen. Sie hieß ursprünglich *Bunessan* und war nach einer Ortschaft auf der schottischen Insel Mull benannt worden. In der 1888 erschienenen Sammlung *Songs and Hymns of the Gael* (6) erschien sie unter dem Titel *Leanabh an àigh*, was *Child in the Manger* (Kind in der Krippe) bedeutet. Den gälischen Liedtext hatte Mary MacDonald geschrieben; die vier ins Englische übersetzten Strophen waren ebenfalls Teil dieser Ausgabe.

Richtig populär wurde die Melodie allerdings erst, nachdem sie 1931 in der Hymnensammlung *Songs of Praise* erschien, die von Percy Dearmer, Martin Shaw und Ralph Vaughan Williams zusammengestellt wurde. Für diesen Anlass gaben die Herausgeber bei Eleanor Farjeon, einer britischen Kinderbuchautorin, Lyrikerin und Dramatikerin, einen neuen Liedtext in Auftrag. Sie schrieb zur Melodie das heute aus Cat Stevens' Fassung bekannte Gedicht *Morning Has Broken*.

Die Melodie und der religiöse Text sprachen Cat Stevens, der zu dieser Zeit noch auf der Suche nach dem richtigen Glauben war, direkt an. Möglicherweise spielte auch seine schwere Erkrankung eine Rolle, nach deren Überwindung er für den Liedtext mit dem Schöpfungsgedanken und der bilderreichen Darstellung der paradiesischen Zustände im Garten Eden besonders zugänglich war.

Stevens beschloss, die Hymne auf sein Album *Teaser And The Firecat* zu nehmen, hatte aber das Problem, dass ein gesungener Vers nur circa 45 Sekunden dauerte, auch bei drei Strophen zu wenig für einen Popsong. Und so saß man im Studio und grübelte. Und hier kommt Rick Wakeman ins Spiel. Der war nämlich auch im Studio und feilte an dem Klavierpart für seine eigene Komposition *Catherine Howard* vom Album *The Seven Wives Of Henry VIII*. Und während man noch grübelte und Rick Wakeman spielen hörte, kam die Idee, beides zu kombinieren. Man kam überein, dass Wakeman diese Klaviertakte für Intro, Zwischenspiele und Outro von *Morning Has Broken* zur Verfügung stellte. Und dieses Klavierspiel hob *Morning Has Broken* auf ein neues künstlerisches Niveau, denn mit ihrer starken an barocke Vorbilder erinnernden Figurierung bilden die Klavierteile eine schöne Ergänzung und gleichzeitig einen starken Kontrast zu der ruhigen, auf langen Notenwerten basierenden Melodie von *Morning Has Broken* und zum von der akustischen Gitarre geprägten Sound der Gesangteile.

Um die insgesamt benötigten fünf Klavierteile nicht zu schematisch klingen zu lassen, entwickelte man drei Varianten, die sich dadurch unterscheiden, ob sie in der Ausgangstonart bleiben oder in eine neue Tonart führen, also modulieren. Das Intro beginnt in D-Dur und moduliert nach C-Dur. Das erste Zwischenspiel bleibt in C-Dur, wohingegen das zweite Zwischenspiel von C-Dur nach D-Dur moduliert. Das dritte Zwischenspiel entspricht dem Intro, und das Outro ist identisch mit dem zweiten Zwischenspiel. Somit ergibt sich folgende Abfolge:

Intro: D-Dur → C-Dur

1. Strophe: C-Dur

1. Zwischenspiel: C-Dur

2. Strophe: C-Dur

2. Zwischenspiel: C-Dur → D-Dur

3. Strophe: D-Dur

3. Zwischenspiel (= Intro): D-Dur → C-Dur

4. Strophe: C-Dur

Outro (= 2. Zwischenspiel): C-Dur → D-Dur

Morning Has Broken beginnt und endet somit in D-Dur, obwohl drei der Strophen und somit der größte Teil des Lieds in C-Dur stehen.

Doch zurück zum finanziellen Aspekt. Es ist sicherlich unbestritten, dass sowohl Cat Stevens als auch Rick Wakeman einen ungefähr gleich großen Anteil an der Bearbeitung der Songs hatten, auch wenn sich Cat Stevens' Anteil auf den Song selbst und Wakemans Anteil auf die Instrumentalteile konzentrierte. Und diese Instrumentalteile stellen in jedem Falle einen essentiellen Anteil an der künstlerischen Gestaltung der Aufnahme von *Morning Has Broken* dar. Trotzdem ist in den Datenbanken der Verwertungsgesellschaften folgendes eingetragen: Komponist: Public Domain (also rechtefrei), Bearbeitung: Cat Stevens, Originalverlag: Cat Music Ltd. Rick Wakeman sucht man hier vergebens, was bedeutet, dass die Tantiemenkasse nur bei Cat Stevens klingelt, und nicht bei Rick Wakeman.

Doch genau das ist der springende Punkt. Denn mit den Urheber- und Verlagsrechten verdient man richtig gut, wenn ein Song jahrzehntelang permanent gespielt wird. Rick Wakeman wurde jedoch trotz seiner kompositorischen Leistung nur als Studiomusiker mit einem Studiohonorar von 9 Pfund und 10 Schilling (ca. 20 Euro) abgefunden, das anscheinend auch noch auf dem Postweg verloren ging. Erst im Jahr 2000 machte Wakeman dies öffentlich und brachte Cat Stevens dazu, ihn also gut 30 Jahre später noch zu bezahlen. Welcher Betrag genau floss, ist nicht bekannt. Vielleicht waren es auch bedeutend mehr als die rund 10 Pfund, was Wakemans gute Laune erklären würde, wenn er Stevens als großzügig bezeichnet und erklärt, dass er stolz darauf sei, bei dieser Aufnahme mitgewirkt zu haben. (7)

Deep Purple: *Smoke On The Water*

Rauch über dem Wasser und Feuer am Himmel - der Kasi-
nobrand von Montreux und seine Folgen

Deep Purple und ihr Tross beobachteten das Inferno aus sicherer Entfernung in einem Restaurant, in das sie sich geflüchtet hatten. Sie sahen zu, wie sich der Rauch über dem Wasser des Genfer Sees ausbreitete. Einige Stunden zuvor hatten sie noch in dem Kasino gesessen, von dem nur noch die Grundmauern übriggeblieben waren.

Die britische Hard-Rock-Gruppe Deep Purple hatte sich Ende 1971 nach Montreux begeben, um ihr neues Album mit dem Titel *Machine Head* aufzunehmen. Sie hatten dazu ein mobiles Studio in einem Lastwagen, das *Rolling Stones Mobile Unit*, angemietet. Dieser Lastwagen gehörte tatsächlich den Rolling Stones, die ihn sich 1968 eingerichtet hatten, um von Aufnahmestudios unabhängiger zu werden und Alben auch an entlegeneren Orten aufnehmen zu können. Dieser mit modernstem Equipment ausgerüstete Truck wurde oft auch an andere Bands vermietet und stand Deep Purple für ihre Aufnahmesessions im Kasino von Montreux zur Verfügung.

Der Hintergrund für die ungewöhnliche Wahl eines Kasinos als Aufnahmestudio war, dass die Band für ihr neues Album nicht den trockenen, sterilen Sound eines herkömmlichen Studios wollte, sondern den hallenden Sound einer Konzertbühne. Sie wollten in anderen Worten ein Studioalbum mit dem Sound eines Live-Konzerts, aber ohne Publikum. (8)

Das konnte das Kasino in Montreux bieten. So waren Anfang Dezember 1971 die Gruppe mit Familien und Freunden, die Techniker, das Equipment und das rollende Studio in Montreux angekommen. Der Truck mit dem mobilen Studio parkte schon direkt am Kasino, doch mit dem Aufbau konnte noch nicht begonnen werden, weil Frank Zappa & the Mothers of Invention im Gebäude zuerst noch ein Konzert gaben, das die Musiker von Deep Purple besuchten. Während dieses Konzerts gab es einen Feueralarm, weshalb das Kasino geräumt werden musste.

Es war auch wirklich ein Feuer ausgebrochen, über dessen Ursache keine Einigkeit herrscht. Deep Purple schreiben in ihrem Liedtext von irgendeinem Idioten mit einer Signalpistole, doch auch ein elektrischer Defekt scheint nicht ausgeschlossen. Tatsache ist, dass das Kasino - mit dem gesamten Equipment Frank Zappas im Wert von 48.000 Dollar (9) - bis auf die Grundmauern niederbrannte.

Claude Nobs, Direktor des Touristenbüros in Montreux und späterer Gründer des Montreux Jazz Festival, war derjenige, der für Deep Purple den Aufenthalt in Montreux und das Kasino als Aufnahmemöglichkeit organisiert hatte. Er organisierte auch die Evakuierung des Gebäudes und versuchte zu retten, was zu retten war. *"Funky Claude"* (10) ist im Liedtext verewigt und sein Bild ist auf dem Plattencover von *Machine Head* zu sehen.

Im letzten Moment weggefahren werden konnte auch das *Rolling Stones Mobile Unit*, so dass die Aufnahmen doch noch gemacht werden konnten. Man musste sich nur nach einem neuen geeigneten Ort umschauen. Keine leichte Aufgabe, aber man fand schließlich das im Winter leerstehende Grand Hotel, wie der Keyboarder der Gruppe, Jon Lord, mitteilt. Hier fanden Deep Purple nicht nur einen Ort, wo sie ungestört und ohne über Studiozeiten nachdenken zu müssen proben und aufnehmen konnten, sondern wo sie in den großzügigen Räumlichkeiten auch den halligen Sound vorfanden, den sie sich eigentlich vom Kasino versprochen hatten.

Nach drei Wochen intensiver Arbeit, noch im Dezember 1971, beendeten Deep Purple ihre Aufnahmen und reisten ab. Geblieben ist mit *Smoke On The Water* einer der legendärsten Rocksongs mit einem der einprägsamsten und bekanntesten Gitarren-Riffs der Rockmusik.

Elton John: *Candle In The Wind*

Die wunderschöne Ballade über die viel zu früh ausgeblasene Kerze im Wind: Marilyn Monroe

Eine Kerze im Wind, die nie wusste an wen sie sich halten sollte, wenn der Regen einsetzte - mit dieser Metapher charakterisiert Elton Johns Texter und Freund Bernie Taupin in *Candle In The Wind* das Leben der amerikanischen Schauspielerin Marilyn Monroe.

Marilyn Monroe, die mit bürgerlichem Namen Norma Jean Baker hieß. machte eine unwahrscheinliche Karriere. 1926 geboren und aus einfachen Verhältnissen stammend, arbeitete sie sich zum begehrten Filmstar hoch und wurde zum Sexsymbol der 1950er Jahre. Trotz, oder gerade wegen dieses unglaublichen Aufstiegs konnte Marilyn Monroe nie die innere Ausgeglichenheit finden. Sie wurde in der Mühle des Showbusiness geradezu zerrieben. Ihre Depressionen versuchte sie mit Alkohol und Medikamenten zu bekämpfen, was sie auf Dauer abhängig machte. Sie starb 1962 im Alter von nur 36 Jahren. Die Umstände ihres frühen Todes sind bis heute nicht restlos geklärt und es halten sich hartnäckig Gerüchte, dass sie nicht ganz freiwillig zu Tode kam.

Zu Beginn des Songs wird Marilyn Monroe mit „Norma Jean", also mit ihren bürgerlichen Vornamen angesprochen. Somit ist für den Zuhörer, der nur den Künstlernamen kennt, nicht unbedingt klar, von wem der Song handelt. Das dürfte ganz bewusst geschehen sein. Zum einen wird Marilyn Monroe dadurch nicht als der Star angesprochen, der an dieser Rolle ja zerbrach, sondern als der Mensch, der sich dahinter verbarg. Zum anderen war Bernie Taupin, der den Text schrieb, gar kein großer Fan von Marilyn Monroe, wie er in einem Interview mit dem Fachblatt *Rolling Stone* mitteilte. (11) Er möchte den Songtext darum auch mehr als Allegorie auf die Auswüchse des Showbusiness allgemein verstanden wissen, bei der auch andere, früh gestorbene Stars wie zum Beispiel Montgomery Clift, James Dean oder Jim Morrison, angesprochen hätten werden können (12).

Bernie Taupin sagt, der Grund, dass er sich für Marilyn Monroe entschieden habe, sei ihre Verletzlichkeit gewesen und die Tatsache, dass sie eine Frau war. Elton John dagegen war ein großer Fan von Marilyn. Für ihn waren sie und andere Stars der 1950er Jahre wie Elizabeth Taylor Menschen wie von einem anderen Planeten, glamurös und mit der Fähigkeit ausgestattet, die Welt zu verändern. (13) Sicherlich ist es Elton John auch deshalb gelungen, den Text in eine nie alternde musikalische Form zu bringen. Taupin bezeichnet *Candle In The Wind* als beste Verbindung von Liedtext und Melodie, die die beiden jemals zustande gebracht haben. (14)

Doch wieso kommen so viele Künstler mit ihrer Berühmtheit nicht klar? Auf diese Frage gibt es sicherlich sehr viele Antworten. Zentral ist wahrscheinlich die Diskrepanz zwischen öffentlicher Verehrung und privater Einsamkeit. Sie fühlen sich nur als Star, als die Person, die sie auf der Bühne darstellen, geliebt, aber nicht als der Mensch, der sie wirklich sind. Das kann bei weniger gefestigten, sensiblen Menschen - und das sind Künstler nun einmal sehr oft - zerstörerische Folgen haben. Der von Taupin erwähnte Jim Morrison, Janis Joplin oder Jimi Hendrix sind Beispiele von Rockstars, die diesen Spagat nicht durchgehalten haben und durch massiven Drogenmissbrauch ihrem Leben ein Ende setzten.

Ein großes Problem ist auch, dass man als Berühmtheit unter ständiger Beobachtung und Kontrolle durch die Medien steht. Ein Privatleben ist somit nur eingeschränkt möglich. Dies hat zur Folge, dass man das Gefühl verliert, sein Leben selbst steuern zu können. Dies ist eh durch die öffentliche Meinung, durch das Image, das man besitzt und durch die Medienpräsenz bestimmt. Man muss den Ansprüchen der Fans und der Öffentlichkeit ständig genügen und hält diesem Druck nicht stand.

Die Sensationsgier macht auch vor dem Tod nicht halt und nimmt dann teilweise groteske Züge an. Bei Elvis Presley und Jim Morrison halten sich ja bis heute hartnäckig die Gerüchte, sie seien gar nicht tot. Bei Marilyn Monroe sind es - wie oben schon erwähnt - die Umstände ihres Todes, die bis heute Anlass zu Spekulationen bilden.

Auch Elton John hat lange unter öffentlichem Druck gelitten und war lange Jahre alkoholabhängig. Der Hauptgrund war bei Elton John sicherlich seine Homosexualität, die er lange verborgen hielt. Dies gipfelte Mitte 1984 in seiner Ehe mit der Deutschen Renate Blauel. Es war eine Ehe, die im Grunde von vornherein zum Scheitern verurteilt war. Erst in den 1990ern, nach der Scheidung, fand Elton John den Mut, sich zu seiner Homosexualität zu bekennen.

20 Jahre nach der Veröffentlichung schrieb Elton John *Candle In The Wind* aus aktuellem Anlass um, und zwar für eine Person, die wie Marilyn Monroe im öffentlichen Rampenlicht gestanden war, allerdings in noch extremerer Weise: Lady Diana. Als *Goodbye England's Rose* widmete er diese Version der bei einem Verkehrsunfall in Paris ums Leben gekommenen Frau von Prinz Charles und spielte es live bei deren Trauerfeier in der Londoner Westminster Abbey. In dieser Singleversion spielte *Candle In The Wind* 30 Millionen Euro ein, die dem Diana Gedächtnisfond zugutekamen.

Roberta Flack: *Killing Me Softly*

Wie eine schwarze Soulsängerin von einem Song beeindruckt war, den eine weiße Folksängerin schrieb, weil
sie von Don McLean beeindruckt war, oder so ähnlich...

Es sind oft die Zufälle im Leben, die darüber entscheiden, wie das
Leben weitergeht. Hätte Roberta Flack im Jahre 1972 nicht einen
Linienflug der American Airlines gebucht, sondern eine andere
Fluglinie, so wäre alles anders verlaufen und es würde es diesen
Artikel, den Sie gerade lesen, sicherlich nicht geben. So aber flog sie
mit American Airlines von Los Angeles nach New York und hörte
dabei das von der Fluglinie eingespeiste Musikprogramm. Dort lief
ein Titel, den sie noch nie zuvor gehört hatte, der sie aber sofort so
gefangen nahm, dass sie ihn mehrmals hintereinander abspielte. Sie
begann auch gleich, die Melodie nach Gehör zu notieren und beschloss, nach der Landung sofort zu recherchieren, wer für den
Song verantwortlich zeichnete.

Wieder am Boden, rief sie den einflussreichen und erfolgreichen
Musikproduzenten Quincy Jones an und bat ihn, die nötigen Infor-
mationen zum Song zu besorgen. So war schnell klar, dass das von
Lori Lieberman gesungene *Killing Me Softly* eine Komposition von
Charles Fox war und der Liedtext von Norman Gimbel stammte.

Lori Lieberman war, als sie *Killing Me Softly* aufnahm, erst 21 Jahre
alt. Eine blonde, langhaarige Folksängerin mit einer klassisch anmu-
tenden Singstimme, die sich in der Tradition der US-
amerikanischen Singer Songwriter mit der Gitarre selbst begleitete.
Sie hatte nach einigen Auftritten die Aufmerksamkeit des Songwriter-Duos Norman Gimbel und Charles Fox erregt, die auf der Suche
nach neuen Interpreten waren, denen sie Songs auf den Leib
schneidern konnten. Auf Grund von ersten Demo-Aufnahmen bekam sie einen Plattenvertrag bei Capitol und veröffentlichte 1972 ihr

erstes, schlicht *Lori Lieberman* genanntes Album. Gimbel und Fox hatten die Songs dafür geschrieben.

Roberta Flack jedenfalls ging *Killing Me Softly* nicht mehr aus dem Kopf. Sie war ja nicht irgendein x-beliebiger Fluggast, sondern eine Soulsängerin, die in jenem Jahr 1972 mit ihrer Single *The First Time Ever I Saw Your Face* sechs Wochen auf Platz eins der Hitparaden stand. Sie rief bei Fox und Gimbel an und enthüllte ihren Plan den Song neu aufnehmen zu wollen. Die beiden hatten aufgrund von Flacks Reputation natürlich nichts dagegen, und so wurde der Plan zügig umgesetzt. Schon Anfang 1973 war der nun souliger eingespielte Titel Nummer eins der US- Charts und übertrumpfte damit die schöne, aber zugegebenermaßen etwas brave Version der Lori Lieberman. Zudem traf *Killing Me Softly* in der neuen Version den Zeitgeist besser, denn die Zeit der Singer Songwriter lief ab und Funk und Disco standen schon bereit, um die Nachfolge anzutreten.

Aufgrund des großen Erfolgs kam nun recht schnell die Frage auf, wer denn eigentlich der mysteriöse Sänger ist, von dem im Lied erzählt wird. Dieses Rätsel konnte nun wiederum nur Lori Liebermann lösen, was sie dankenswerterweise auch tat. Und so erschien am 5. April 1973 ein Artikel in der New Yorker *Daily News*, der über die Entstehung und die Hintergründe zum Song informierte. Darin berichtet Lieberman, dass mit dem geheimnisvollen Sänger Don McLean, der Autor und Interpret von *American Pie* gemeint war. Sie hatte im Jahr zuvor ein Konzert von ihm im *Troubadour* in Los Angeles besucht und war von dessen Auftritt begeistert und berührt. (15)

Sie schrieb ihre Gedanken in Form eines Gedichtes an Ort und Stelle auf eine Serviette und berichtete Gimbel und Fox von ihrem Konzerterlebnis. Das bestätigt auch Norman Gimbel in dem besagten Zeitungsartikel, in dem er wörtlich zitiert wird. So berichtet er dort, dass Lieberman den beiden von ihrem Konzerterlebnis berichtet habe, die drei das diskutiert hätten und zur Überzeugung gekommen wären, dass das Potential zu einem guten Song da wäre. (16)

Norman Gimbel hatte ein kleines Büchlein, in dem er Phrasen notierte, die er irgendwo las und später einmal in Liedtexten verwenden konnte. Dort fand sich die kurze Phrase "killing me softly with his blues" (17), die für Loris Konzerterlebnis treffender nicht hätte sein können. Man musste nur "Blues" durch "Song" ersetzen. Das Schreiben des restlichen Liedtextes ging für den Profi Gimbel schnell und Fox schrieb die Musik dazu.

Hier könnte diese Geschichte enden, wenn nicht 2010 eine unschöne Wendung eingetreten wäre. In Interviews verbreiteten Gimbel und Fox nun plötzlich die Version, dass diese ganze Geschichte eine "urban legend" wäre, also gar nicht wahr, sondern nur gut erfunden. In Wahrheit hätte er die Idee zum Songtext ganz alleine gehabt und die fertige Version hätte Lori Lieberman zu der Bemerkung veranlasst, das erinnere sie an ein Konzert mit McLean. (18) Das ist nun gelinde gesagt sehr erstaunlich, hatte Gimbel 1973 in der *Daily News* doch noch vom exakt gegenteiligen Ablauf berichtet.

Diese wundersame Neuinterpretation der Genese stieß natürlich auch bei Lori Lieberman auf wenig Begeisterung, die umgehend dementierte und sagte, sie hätte nicht nur keinen Eintrag als Urheberin und kein Geld gewollt, sie hätte Gimbel auch verziehen, dass er sie verklagt hätte und sogar ihren jüngsten Sohn nach ihm benannt. Das würde doch nun alles gar keinen Sinn ergeben. (19)

In der Tat fragt man sich nach dem Sinn, wenn auf einmal alles nur "Fake News" gewesen sein soll. Wo liegt die Motivation? Geld kann es nicht sein, da Lieberman nie als Co-Autor mit aufgenommen worden war, also auch keine Rechte am Song besitzt. Sie hat ja, wie sie oben erwähnt, auch nie Geld dafür gewollt. Oder sind es doch solche Ängste, weil Lieberman nach ihrem Ausstieg Mitte der 1970er in den letzten Jahren im Showbusiness wieder etwas Fuß gefasst hat? Oder spielt es eine Rolle, dass Lieberman und Gimbel in den 1970ern ein Paar waren? Oder weiß ein alter Mann einfach nicht mehr, was damals passiert ist? Und warum fällt ihm erst nach 40 Jahren ein, dass angeblich alles gar nicht stimmte? Man kann es aus der Ferne nicht beurteilen und wird es wahrscheinlich auch nie erfahren. Es bleibt jedenfalls mehr als ein fader Beigeschmack.

Wir spülen ihn schnell hinunter mit einem Extraschluck menschlicher Größe. Lori Lieberman drückte ihre Gefühle bezüglich des Songs einmal so aus, dass es für sie das größte Geschenk sei, Teil von *Killing Me Soflty* gewesen zu sein, unabhängig von den damit verbundenen Herausforderungen. Es würde sie heute immer noch herausforden, aber dafür sei sie mehr als dankbar. (20)

Chapeau!

Pink Floyd: *Money*

Machen Sie sich gefasst auf eine Beschäftigung mit ungeraden und zusammengesetzten Taktarten.

Dies ist ein Lobgesang auf die alten Zeiten. Die Zeiten, in denen die Bands es sich noch leisten konnten, abseits vom Mainstream Konzeptalben aufzunehmen (in diesem Fall das Album *Dark Side Of The Moon*). Zeiten, in denen die Musik nicht irgendein Instantprodukt war, sondern auch nach 30 Jahren noch modern klingt. Zeiten, in denen vieles noch anders funktionierte als heute. Zeiten, in denen Hits in ungeraden Taktarten geschrieben wurden.

Ja, ungerade Taktarten. Was ist das? Zum Beispiel ein 5/4-Takt oder 7/4-Takt, d.h. dass in jedem Takt nicht die "übliche" Anzahl von 2, 3, oder 4 Viertelnoten enthalten sind, sondern eben 5 oder 7. Ungerade Taktarten sind somit auch gleichzeitig zusammengesetzte Taktarten. Ein 7/4-Takt zum Beispiel kann aus einem 4/4-Takt und einem 3/4-Takt zusammengesetzt sein (4+3). Oder umgekehrt: 3+4. Streng genommen könnte man auch den 4/4-Takt in zwei 2/4-Takte unterteilen, woraus sich drei verschiedene 7/4-Takte kombinieren ließen: 2+2+3, 2+3+2, 3+2+2.

Hören Sie sich *Money* von Pink Floyd noch einmal an. Das Stück steht im 7/4-Takt. Welche Zusammensetzung hören Sie? Auflösung unten.

Das Stück beginnt ja bekanntlich mit den berühmten "Cash Register Loop". Also mit den immer wiederholten Geräuschen der alten Registrierkasse. Wenn Sie jetzt genau hinhören, dann bemerken Sie, dass auch diese Geräusche im 7/4-Takt stehen. Wir haben auf jedem der 7 Taktschläge ein anderes Geräusch. Der Versuch einer Analyse:

Schlag 1: Fallen von Münzen in eine Schüssel (leiser)

Dieses Geräusch nahm Roger Waters in einem Schuppen in seinem Garten auf. Er warf dabei Münzen in eine große Schale, die seine Frau benutzte, um Ton anzurühren (21).

Schlag 2: Rattern einer Zählmaschine

Es ist nicht klar, was für eine Maschine hörbar ist. Das Geräusch stammt wahrscheinlich aus dem Soundarchiv

Schlag 3: Geldklimpern

Nick Mason nahm dieses Geräusch auf, für das er alte engliche Münzen durchbohrte und an einer Schnur auffädelte.

Schlag 4: Fallen von Münzen in eine Schüssel (lauter)

Schlag 5: Klingeln der Kasse

Das ist sicherlich eine gewöhnliche Registrierkasse und stammt wahrscheinlich aus dem Soundarchiv

Schlag 6: Zerreißendes Papier

Warum dieses Geräusch inkludiert wurde, ist unklar. Vielleicht soll hier ein Geldschein zerrissen werden.

Schlag 7: Schließendes Geräusch der Kasse oder Geräusch einer Zählmaschine

Auch dieses Geräusch ist wahrscheinlich aus dem Soundarchiv und nicht genau zu bestimmen.

Money beginnt mit dem Klingeln der Registrierkasse und dem Rieseln von Münzgeld, hier noch ohne Beat. Das nächste Geräusch, das wir hören, ist das Fallen von Münzen in die Schüssel von Schlag 6. Der Loop beginnt also auftaktig und läuft dann zwei Takte lang.

Nachdem nacheinander Gitarre, Schlagzeug, Bass und Keyboards eingesetzt haben, wird der Loop langsam ausgeblendet, um allerdings zwischendurch immer wieder zu erscheinen. Was heute mit Sampling und digitaler Computertechnik wahrscheinlich in ein paar Minuten erledigt wäre, war 1973 eine größere Aktion, die viele Hand- und Schneidearbeit mit Tonbändern erforderte.

Nach dem Saxofonsolo, das auch im 7/4-Takt steht, läuft das Gitarrensolo von David Gilmour allerdings im "normalen" 4/4-Takt ab. Ohne David Gilmour zu nahe treten zu wollen: jeder, der schon einmal versucht hat, über einen 7/4-Takt zu improvisieren, weiß, dass das nicht ganz so einfach ist. Vielleicht wollten Pink Floyd durch den Taktwechsel auch nur einen Kontrast schaffen und dem Song in der Mitte mehr Drive geben. Auch im Song selbst finden sich Taktwechsel. Nach dem Einsatz der Singstimme am Anfang des Songs finden sich acht 7/4-Takte, gefolgt von zwei 4/4-Takten, einem 6/4-Takt und wieder zwei 7/4-Takten, bevor diese Abfolge wiederholt wird.

Ach ja, und die Aufteilung ist meiner Meinung nach 4+3 oder 2+2+3, was vor allem an der Schlagzeugbegleitung deutlich wird. Denn die spielt bei einem typischen Rockgroove auf die 1 und 3 eines Taktes immer mit der Bass Drum und auf die 2 und 4 mit der Snare Drum. Dies ist hier der Fall:

4/4:

Schlag 1: Bass Drum, Schlag 2: Snare Drum, Schlag 3: Bass Drum, Schlag 4: Snare Drum

3/4:

Schlag 5: Bass Drum, Schlag 6: Snare Drum, Schlag 7: frei

Lynyrd Skynyrd: *Sweet Home Alabama*

Lynyrd Skynyrds musikalische Reaktion auf Neil Youngs
Südstaatenschelte und das Lob für die im Hintergrund
tätigen Studiomusiker von Muscle Shoals

Die Bilder stehen einem noch ganz lebhaft vor Augen. Die Bilder
vom Sommer 2005, als New Orleans, die Wiege des Jazz, in den
braunen Fluten versank, nachdem Hurrikan Katrina gewütet hatte.
Tausende von afro-amerikanischen Bewohnern der Stadt warteten
verzweifelt darauf, aus der untergegangenen Stadt evakuiert zu
werden. Doch wo waren die weißen Bewohner? Die waren längst
weg, und man bekam das Gefühl nicht los, dass von offizieller Re-
gierungsseite nicht alles unternommen wurde, um die arme
schwarze Bevölkerung aus ihrem Leid zu erlösen.

Bald war der Vorwurf zu hören, dass die Afro-Amerikaner immer
noch Menschen zweiter Klasse seien, auf jeden Fall im von seinen
sklavischen Traditionen geprägten Süden der USA. Zwar sei die
Segregation, also die Rassentrennung, seit den Sechzigern, seit der
Bürgerrechtsbewegung unter Führung von Dr. Martin Luther King
offiziell abgeschafft, doch in Situationen wie diesen merke man,
dass in den Köpfen der Menschen im Süden altes Denken immer
noch vorhanden sei.

Diese Vorwürfe sind nicht neu. So sang der kanadische Sänger Neil
Young sein Lied vom *Southern Man*, das er 1970 auf der LP *After The
Goldrush* veröffentlichte. Darin äußerte er sich in ziemlich deutli-
chen Worten zur Diskriminierung der Schwarzen, dabei Bilder aus
der Vergangenheit aufgreifend wie zum Beispiel die brennenden
Kreuze, das Symbol des Ku Klux Klans, oder die Peitschen der
Sklavenhalter. (22)

Dass er sich damit bei vielen weißen Bewohnern des Südens nicht
beliebt machte, war ihm sicherlich sehr wohl bewusst. Trotzdem,
oder gerade deshalb, legte er zwei Jahre später noch nach: mit dem
Song *Alabama* vom Album *Harvest*.

Im Jahr 1974 dann kam die musikalische Reaktion. Sie kam von der aus dem Norden Floridas stammenden Südstaatenband Lynyrd Skynyrd. *Sweet Home Alabama* hieß der Song, in dem Neil Young erwähnt und ein direkter Bezug zu seinen beiden südstaatenkritischen Songs hergestellt wurde. Man kann dies auch hören, denn direkt nach der Erwähnung von *„Mister Young"* singt jemand im Hintergrund ganz leise *„Southern Man"*. Im selben Textabschnitt wird Neil Young dann zur persona non grata in den Südstaaten erklärt. (23)

Rückblickend stellten alle Beteiligten, auch Neil Young die Geschichte als Spaß dar und betonten in verschiedensten Interviews, dass sie sich gegenseitig respektierten und schätzten. Ronnie van Zant, der Leadsänger von Lynyrd Skynyrd, lief sogar oft im Neil-Young-T-Shirt durch die Gegend. Und Neil Young legt Wert darauf, dass er den Song schon einige Male selbst aufgeführt hat (24).

Auf der anderen Seite ist es auch eine Tatsache, dass Lynyrd Skynyrd sich durch den Neil Young-Text und Auftritte mit der Confederation-Flag, also der Fahne der Südstaaten im amerikanischen Bürgerkrieg, durchaus auch politisch und gesellschaftlich positionierten. Aus Überzeugung oder weil ihnen dieses Image auf jeden Fall Aufmerksamkeit und damit auch Erfolg bescherte? Man kann es nicht genau beurteilen.

Es geht in *Sweet Home Alabama* aber nicht nur um Neil Young und den Rassenkonflikt, sondern auch um die Musiker vom Muscle Shoals Sound Studio. Die wirkten ähnlich wie die Funk Brothers bei Motown in Detroit als Rhythmusgruppe quasi anonym auf vielen Aufnahmen erfolgreicher Künstler wie Paul Simon, den Rolling Stones oder Aretha Franklin mit und kreierten dabei den wiedererkennbaren Muscle Shoals Sound, eine Mischung aus Soul, R&B und Country.

Auch Lynyrd Skynyrd hatten in diesem Studio, das in Sheffield, einer Nachbargemeinde von Muscle Shoals im Norden Alabamas angesiedelt war, aufgenommen und die Musiker und die Studioatmosphäre dort zu schätzen gelernt. Durch die Erwähnung dieser fantastischen Musiker mit ihrem Spitznamen „the Swampers" in *Sweet Home Alabama* setzten ihnen Lynyrd Skynyrd ein bleibendes klingendes Denkmal.

Bachman-Turner Overdrive: *You Ain't Seen Nothing Yet*

Wie Gary Bachman seinem Bruder Randy unfreiwillig zu
einem Welthit verhalf

Wer hätte Randy Bachman, dem Gründungsmitglied, Sänger, Gitarristen und Songwriter der Rockband Bachman-Turner Overdrive
solch eine Gemeinheit zugetraut? Dabei war es eigentlich witzig
und gar nicht böse gemeint. Er wollte seinen Bruder etwas aufzie-
hen, und es kommt in den besten Familien vor, dass man sich über
die Schwächen der jüngeren Geschwister amüsiert und belustigt.
Und man muss zu seiner Verteidigung sagen, dass er diesen Song
niemals veröffentlicht hätte, wäre da nicht Charlie Fach gewesen. Ja,
dann wäre es ganz anders gelaufen.

So kam Charlie Fach, der Chef der Plattenfirma Mercury, an diesem
Tag im Jahr 1973 ins Studio, um sich die den finalen Mix der neues-
ten Schallplatte von Bachman-Turner Overdrive anzuhören. Die
Rockgruppe hatte acht Songs für ihr neues Studioalbum *Not Fragile*
eingespielt, das Anfang 1974 veröffentlicht werden sollte. Nach
Durchhören der acht Songs war Fach alles andere als zufrieden. Es
fehlte ihm der eine Song mit dem gewissen Etwas. Der eine Song
mit Hitpotential. Und Charlie Fach war nicht umsonst an der Spitze
der Plattenfirma. Wenn ihn etwas auszeichnete, dann das untrügli-
che Gespür für dieses Unerklärliche, Einzigartige das den Unterschied ausmacht und einen Song aus dem Meer der Mittelmäßigkeit
heraushebt.

Und dann kam die Sprache auf den neunten Song, den es offiziell
eigentlich gar nicht gab, beziehungsweise geben sollte. Denn dieser
Song war eigentlich nur für den internen Gebrauch gedacht gewesen.

Ursprünglich war dieser Song Nummer 9 ein Instrumentalstück,
das die Band als „work song" benutzte - ein Stück, mit dem am

Beginn einer Aufnahmesession die Verstärker und Mikrophone eingestellt wurden und mit dem man sich einspielte. Die Band hatte den Song schon oft zu diesem Zweck verwendet, doch bei den Aufnahmesessions zu *Not Fragile* war Randy Bachman eine spontane Idee gekommen. Und so machte er aus dem Instrumentalstück mit einem kurz zuvor entstandenen, mehr oder weniger improvisierten Liedtext samt Melodie eine Gesangsnummer. Die enthielt eine Besonderheit, die als Parodie gedacht war. Denn Randys Bruder Gary, der damals der Manager der Band war, stotterte, und ihm sollte der Song mit dem gestotterten Refrain eigentlich ganz exklusiv per Audiokassette zugehen.

Und so war es der Tontechniker, der den Vorschlag machte, dem Boss den Song einfach mal vorzuspielen. Doch Randy Bachman war nicht einverstanden, er fand den Song nur schrecklich. Im Gegensatz zu Charlie Fach, der nur meinte: *That's it. It's charming."* (25)

Doch auch damit war Randy Bachman nicht einverstanden. Diesen Song zu veröffentlichen, mit ungestimmten Gitarren und improvisiertem, gestottertem Refrain – für den klassisch an der Violine ausgebildeten und anspruchsvollen Vollblutmusiker Bachman ein No-Go. Außerdem war der Song ja ein reiner Insider. Er bestand darauf, wenigstens den Vokalpart noch einmal einzusingen, doch der ernsthafte Versuch einer Neuinterpretation schlug fehl. Der ursprüngliche Charme war weg. Bachman selbst gibt zu, dass es nicht funktionierte und dass es irgendwie nach Frank Sinatra klang (26)

So gab er dann schließlich dem massiven Drängen nach, den Song in der unfertigen, improvisierten Fassung auf die LP zu nehmen und auch die Singleauskopplung genehmigte er nach wochenlangem Zögern und Nachdenken. Denn schließlich musste auch er einsehen, dass er sich dem Erfolg des Songs nicht länger in den Weg stellen konnte.

Laut der „Stuttering Foundation", einer amerikanischen Non-Profit Organisation, die sich um die Belange der Stotterer kümmert und die auf ihrer Webseite noch einige Songs aufführt, in denen gestottert wird, ist dies der einzige bekannte Song, in dem eine lebende Person nachgeahmt wird. Zum Glück, möchte man sagen. So ist es ein einigermaßen versöhnlicher Abschluss dieser Geschichte, dass Bruder Gary sein Stottern anscheinend überwand. Allerdings nicht wegen oder trotz des Songs, sondern ganz medizinisch mit Hilfe einer Sprachtherapie. So meldet es jedenfalls „The Stuttering Foundation". (27)

Queen: *Bohemian Rhapsody*

Auch dieser Artikel wird die Rätsel um Queen's wohl
enigmatischsten Song nicht lösen können - was vielleicht
auch gut ist...

Es war schon immer so und wird wohl auch so bleiben. Das Unerklärliche fasziniert, fordert heraus. In dem Moment, in dem es erklärt, gelöst wird, verliert es schlagartig seine Faszination und wird uninteressant. Don McLean wusste, warum er seinen Liedtext zu *American Pie* nie erklärt hat. Auch Freddie Mercury, der Musik und Text zu *Bohemian Rhapsody* schrieb, ließ sich nie zu mehr hinreißen als zu der Bemerkung, der Song sei persönlich, über Beziehungen. Er wusste warum. Bis heute zerbrechen sich die Menschen den Kopf, und versuchen die Zeilen zu interpretieren, mit Sinn zu füllen. Wahrscheinlich vergeblich, denn Freddie Mercury kann zur Aufklärung bekanntlich ja nichts mehr beitragen, er starb 1991 an AIDS. Und würde wohl auch nicht, wenn er noch lebte. Es sei denn, die restlichen Queen-Musiker brächen ihr Schweigen...

Dabei fasziniert das Musikalische genauso an *Bohemian Rhapsody*, denn vor allem der Mittelteil der sechsminütigen Aufnahme ist in seiner Gestaltung in der Pop- oder Rockmusik einzigartig. Schon Freddie Mercury hat ihn selbst als *„opera section"* bezeichnet. (28) Doch es ist nicht nur die opernhafte Gestaltung, die beeindruckt, sondern auch die für damalige Verhältnisse ungeheuer zeit- und arbeitsintensive und aufwändige technische Umsetzung des musikalischen Materials.

Im Sommer 1975 beginnen die Musiker von Queen und ihr Produzent Roy Thomas Baker *Bohemian Rhapsody* im Studio aufzunehmen. Der Song besteht aus einer Aneinanderreihung völlig verschiedener Abschnitte, die in insgesamt vier verschiedenen Aufnahmestudios realisiert werden. Dabei nimmt schon angesprochene opernhafte Mittelteil, der anfangs nur als kurzes Intermezzo geplant war, eine Art Eigendynamik an, die ihn immer umfangreicher werden lässt.

Am Ende nehmen die Aufnahmesessions für den Mittelteil alleine drei Wochen in Anspruch. (29)

Wie genau die Vokalparts des Mittelteils aufgenommen wurden, ist nicht vollständig nachzuvollziehen. Fest steht jedenfalls, dass hier mit großangelegtem Overdubbing gearbeitet wurde. Das heißt, dass die gleiche Stelle immer und immer wieder mit einer neuen Spur überspielt wurde. Aufgrund der beschränkten Verfügbarkeit von Spuren mussten dafür immer wieder mehrere Spuren auf eine Spur eingedampft werden, um Kapazitäten für neue Spuren zu kreieren. Somit ist auch nicht mehr nachzuvollziehen, wer die einzelnen Vokalspuren eingesungen hat. Während zu lesen ist, Freddie Mercury hätte alles im Alleingang eingesungen, stammen die hohen Falsetttöne wohl von Roger Taylor. Insgesamt sind wohl bis zu 180 Vokalparts als Overdubs übereinandergelegt worden - eine musikalische wie technische Meisterleistung.

Heraus kommt ein Werk, das mit fast sechs Minuten Länge deutlich die zeitliche Limitierung damaliger Singles sprengt. Musiker wie Produzent sind jedoch von den Qualitäten des Songs so überzeugt, dass sie diesen unbedingt als Single auskoppeln wollen. Sie stoßen damit jedoch bei den Verantwortlichen der Plattenfirma EMI auf Granit: Eine Single mit mehr als dreieinhalb Minuten Spielzeit - undenkbar, dass ein Song dieser Länge im Radio gespielt würde. Somit wird die Singleauskopplung abgelehnt. Queen und Baker verfallen auf die Idee, sich Unterstützung von außen zu holen und lancieren den Song beim Radio-Moderator Kenny Everett vom Capitol Radio, das neben dem Aufnahmestudio beheimatet ist. Offiziell bekommt Everett die Anweisung, den Song nicht zu spielen, inoffiziell soll er jedoch genau dies tun.

Und der Plan geht auf. Am nächsten Morgen spielt Everett den Anfang mit der Bemerkung, dass er ihn nicht noch einmal spielen könne, weil er es versprochen habe (30), um einige Zeit später dann doch noch mehr laufen zu lassen. Nachdem die Reaktionen überschwänglich sind, spielt er *Bohemian Rhapsody* insgesamt 14 Mal an einem Wochenende. Montags stürmen die Hörer die Plattenläden, nur um zu erfahren, dass sie die Aufnahme nicht kaufen können. Queen und Baker bekommen zwar anfänglich Ärger wegen der Herausgabe des Tonbandes, die Plattenfirma muss dem großen öffentlichen Druck jedoch nachgeben und die Single doch noch pressen. Das Ergebnis ist bekannt. *Bohemian Rhapsody* hält sich wochenlang auf Platz eins der Hitparaden.

Doch worum geht es nun eigentlich in *Bohemian Rhapsody*? Dazu gibt es, wie oben schon erwähnt, keine gesicherten Fakten. Gewisse autobiographische Bezüge hat Freddie Mercury aber sicher verarbeitet, wie seine Bandkollegen bei verschiedenen Anlässen bestätigten. Aber manches dürfte einfach auch von Anfang an keinen Sinn ergeben haben, wie die teils exotischen Wörter, die im Opernteil verwendet werden. Möglicherweise wurden sie nur wegen ihres Klanges ausgewählt:

- Beelzebub ist ein Wort für den Teufel.
- Bismillah heißt "im Namen Allahs". Es ist der Anfang des Korans.
- Fandango ist ein spanischer Volkstanz.
- Mit dem Figaro verbindet man heute einen Friseur, was seinen Ursprung in den beiden Theaterstücken "Der Barbier von Sevilla" und "Figaros Hochzeit" von Beaumarchais hat.
- Galileo ist ein italienischer Vorname mit der Bedeutung "von Galiläa", einer Region im nördlichen Israel, der im Kopf sofort durch Galilei ergänzt wird.
- Scaramouche ist ein prahlerischer Soldat, eine Gestalt aus der italienischen Commedia dell'arte.

Interessant ist dann noch eine Theorie, die besagt, dass der 1942 erschienene Roman *Der Fremde* von Albert Camus erstaunliche Parallelen in der Handlung zum Text von *Bohemian Rhapsody* aufweist. Sollte Freddie Mercury von diesem Werk inspiriert worden sein? Wir wissen es nicht. Und werden es wohl auch nie erfahren.

Bob Marley: *Exodus*

Die geplante Rückkehr eines gepeinigten Volks in das
Land seiner Väter

Jamaika ist ein Land mit großen sozialen Spannungen. Diese äußern sich in hoher Kriminalität, verbunden mit einer hohen Bereitschaft, Waffen einzusetzen, vor allem in der Hauptstadt Kingston, aber auch in den Touristenzentren (31). Dies ist nicht neu und die Gründe dafür sind in der Geschichte der Karibikinsel zu suchen.

1494 bei seiner zweiten Reise von Christoph Kolumbus "entdeckt", wurde die Insel spanische Kolonie. Eingeschleppte Krankheiten und Kämpfe mit den Spaniern ließen der Urbevölkerung keine Chance. Sie starb innerhalb weniger Jahre aus. Um die Arbeit auf den von den Kolonialherren eingerichteten Zuckerrohrplantagen zu verrichten, wurden massiv schwarze Sklaven aus Afrika nach Jamaika verfrachtet. Diese stellten bald den überwiegenden Anteil der Gesamtbevölkerung, der heute bei circa 91% liegt (32). Die Schwarzen hatten aber auch nach der Aufhebung der Sklaverei 1834 keinerlei Rechte und wurden von der weißen Minderheit unterdrückt. Die regierte das Land in alter Gutsherrenmanier, war vermögend, während die Schwarzen zum großen Teil in Armut lebten. Viele von ihnen gingen in die Städte, wo sie in Slums lebten. In Kingston war dies das Viertel Trench Town. Auch die Unabhängigkeit Jamaikas 1962 änderte nichts an dieser Situation.

Man muss diese Verhältnisse kennen, um die Songs von Bob Marley zu verstehen. Er gehörte als Sohn einer Schwarzen und einem britischen Offizier zu den "coloured people". Als Kind kam er mit seiner Mutter Mitte der 1950er Jahre nach Kingston und wohnte nach einiger Zeit in Trench Town, wo er die Armut, aber auch die lebendige Kultur der schwarzen Mehrheit erlebte. Man spielte dort damals einen Musikstil, der Ska genannt wurde. Auch Marley war bald vom Virus der Musik infiziert und veröffentlichte allerdings ohne viel Erfolg erste Aufnahmen.

Bob Marley und seine Wailers waren Mitte der 1960er Jahre feder-
führend bei der Entwicklung des Ska in den langsamer gespielten
Reggae. Der Reggae mit seinem typischen Sound der nachschlagen-
den Rhythmusgitarren und der auf dem Backbeat gespielten Bass-
drum war genau so wie der Ska in den Ghettos der jamaikanischen
Städte verwurzelt, beschrieb die Probleme dort und artikulierte
damit Protest gegen die herrschenden Verhältnisse. Marleys frühe
Reggae-Songs besaßen allerdings noch nicht die politische Spreng-
kraft in den Texten.

Seine wahre Bestimmung als Sprachrohr der Unterdrückten Jamaikas fand Marley erst, als er begann, sich mit der religiösen Bewegung der Rastafari zu identifizieren. Diese hatte sich seit ca. 1930
auf Jamaika ausgebreitet. 1927 hatte Marcus Garvey, jamaikanischer
Journalist und Nationalheld, den Aufstieg eines neuen großen Königs in Afrika prophezeit. Als 1930 in Äthiopien Haile Selassie I.
zum Kaiser gekrönt wurde, sah man die Prophezeiung als erfüllt
und Selassie als Messias an. Von seinem Geburtsnamen Ras (=Fürst)
Tafari Makonnen leitete sich der Name Rastafari ab. Die Rastafaris
sind Christen und sehen sich als Abkömmlinge eines alten israeliti-
schen Stammes. Auffallend sind die verfilzten Haare, die sogenann-
ten Dreadlocks, als *"Symbol der Naturverbundenheit und der Mähne des
Löwen von Juda"* (33), einem der Krönungstitel Haile Sellasies.

Ein wichtiger Grundzug der Rastafari-Bewegung ist die Forderung
nach einer Rückkehr der Schwarzen in ihre ursprüngliche Heimat,
nach Afrika. Diese wurde schon von Marcus Garvey formuliert und
findet in Bob Marleys Song *Exodus* in der refrainartig repetierten
Textzeile, die den Auszug der schwarzen jamaikanischen Bevölkerung beschwört, ihren Ausdruck. "Jah" ist eine Kurzform von Jah-
we, Gott, die in der Rastafari-Religion gebräuchlich ist und hier die
Schwarzen als Gottes Volk identifiziert.

Afrika, das Land der Väter, ist Ursprung und gelobtes Land, in das
man zurückkehren möchte. Jamaika, das Land, in dem man ge-

strandet ist, wird als Babylon bezeichnet, ein ungeliebtes Exil, mächtig, reich, arrogant, unterdrückend wie das antike Babylon der Bibel. Symbolisch kann Babylon auch für die gesamte westliche Welt und die weiße Vorherrschaft stehen.

Obwohl die Rastafaris immer wieder Delegationen nach Afrika schickten, die eine Auswanderung vorbereiten sollten, schafften sie den Massenexodus nie. Vielmehr emigrierten viele Schwarze, darunter auch Bob Marleys Mutter mit den restlichen Geschwistern, in die USA, wo sie hofften bessere Lebensbedingungen vorzufinden.

Nach dem Tod Bob Marleys 1981 sind sowohl der Reggae als auch die Rastafari-Religion aus dem öffentlichen Bewusstsein gerückt. Zu sehr war beides mit seiner Person verkörpert. Wie viele Rastafari heute in Jamaika leben, ist unklar, weltweit wurde ihre Zahl 2012 auf 700,000 bis 1 Million geschätzt (34)

Gerry Rafferty: *Baker Street*

Ein Altsaxophon im Kofferraum, £27,50 Studiohonorar und merkwürdige Erinnerungslücken sind Teil von Gerry Raffertys größtem Erfolg.

Als Adolphe Sax 1842 das von ihm erfundene Saxophon der Öffentlichkeit vorstellte, wollte er das Saxophon als Instrument im Sinfonieorchester etablieren. Doch das war nicht die wahre Destination dieses neuartigen, nach dem Vorbild der Bassklarinette entwickelten Instruments. Erst gut 70 Jahre später, im Jazz, bekam das Saxophon die tragende Rolle, die sein Erfinder sich erträumt hatte, die er aber nicht mehr erlebte.

Über den Jazz, die Big Bands, den Rhythm'n'Blues und die Small Bands der 1950er Jahre kam das Saxophon auch in den Rock'n'Roll. Die Gitarren-Lastigkeit der weißen Rockmusik der 1960er und die Entwicklung der synthetischen Klänge in den 1970er Jahren drängte die Blasinstrumente in der Pop- und Rockmusik allerdings an den Rand. Nur in den Stilen, die afro-amerikanischen Ursprungs waren, wie dem Soul oder Funk, blieb das Saxophon in den Horn-Sections und kurzen Instrumentalsoli präsent.

So war das prominent gespielte Saxophon auf Gerry Raffertys *Baker Street* von 1978 durchaus etwas Besonderes und Ungewohntes. Michael Gray, damals Manager von Rafferty und Mitglied in der Runde beim Plattenlabel, die die Singleauskoppelungen aus Raffertys Album *City To City* beschloss, erinnert sich, dass er aus genau diesem Grund, also wegen des Saxophons und der damit verbundenen Implikation, gegen die Singleauskoppelung war: *„too jazzy!"* (35)

Man sprach sich dann doch für *Baker Street* aus, mit dem bekannten Erfolg. Aber der kam definitiv wegen, und nicht trotz des Saxophons, das den Song prägte wie vielleicht nie zuvor oder danach (vielleicht von Bill Withers und Grover Washington Jr.'s *Just The Two Of Us* und George Michaels *Careless Whisper* abgesehen). Da es in den 1960ern und 1970ern nicht üblich war, die Namen der beteiligten Sessionmusiker auf der LP zu vermerken, war es lange Zeit nicht klar, wer denn nun das legendäre Altsaxophon gespielt hatte. Es war der schottische Musiker Raphael Ravenscroft. Und hier beginnen auch die Merkwürdigkeiten.

So erklärte Ravenscroft, dass er für seinen essentiellen Beitrag zu *Baker Street* lediglich 27,50 britische Pfund als Studiohonorar bekommen haben soll. Ein ziemlicher Witz – und ein schlechter dazu - angesichts der Bedeutung des Saxophonsolos für den Erfolg des Songs, der hohen Verkaufszahlen und dem unendlichen Strom an Tantiemen, angeblich 80.000 britische Pfund im Jahr (36), den Gerry Rafferty Zeit seines Lebens für die Komposition erhielt. Man fühlt sich sofort an Cat Stevens und den Keyboarder Rick Wakeman erinnert. Wakeman hatte den Klavierpart von Stevens' Millionenseller *Morning Has Broken* eingespielt und trotz der Millionen, die Stevens damit verdiente, nur ein minimales Studiohonorar erhalten.

Richtig verwundert ist man, wenn man erfährt, dass sich Rafferty und Ravenscroft über die Entstehung des berühmten Saxophon-Parts überhaupt nicht einig waren. Konträrer könnten die Ansichten im Nachhinein nicht sein. Während Rafferty die musikalische Urheberschaft für sich beanspruchte und behauptete sie hätten den Instrumentalpart mit E-Gitarre versucht, was aber nicht gut geklungen hätte (37), behauptete Ravenscroft, er habe einen Song mit vielen Lücken präsentiert bekommen, auf eigenes Betreiben statt des vorgesehenen Sopransaxophons sein Altsaxophon aus dem Kofferraum seines Autos geholt und außerdem gar keine konkreten Anweisungen erhalten, sondern nur eine mehr oder weniger gängige Bluesphrase gespielt. Ein 2011 veröffentlichtes Demotape, auf dem Rafferty selbst die berühmte Melodielinie auf der E-Gitarre spielt, beweist jedoch wohl endgültig, dass sie nicht von Ravenscroft stammen kann. Klären können die beiden das untereinander nicht mehr, denn Rafferty starb 2011, Ravenscroft 2014.

Auch wenn die beiden nun nicht mehr unter uns sind – *Baker Street* ist nach 40 Jahren noch immer präsent und hat noch nichts von seiner Anziehungskraft verloren. Und so hoch man die Leistung Ravenscrofts dabei einschätzen mag, ihre Wirkung entfalten die magischen Saxophontöne erst im Zusammenhang mit Raffertys Komposition - und es gibt vom Saxophon abgesehen verschiedene Gründe, warum *Baker Street* ein außergewöhnlich guter Song ist.

Da wären das Intro, eine kleine Welt für sich über schwebenden, parallel verschobenen Mischklängen; die suchenden, nie wirkliches ein tonales Zentrum erreichenden Akkorde der Strophen und des Refrains; die Produktion mit der durchsichtigen und intelligenten Instrumentation der Strophen und dem wuchtigen Saxophon-Refrain; das bluesige und energetische E-Gitarren-Solo von Hugh Burns; der in schöne Bilder verpackte teils autobiographische Liedtext Raffertys über die Leere der Großstadt und eine Sinnsuche im Lichte dieser Einsamkeit; und nicht zuletzt der fast lakonisch zu nennende Gesang Raffertys, der diesen wunderbaren Kontrast zum emotionalen Saxophon-Refrain bildet und damit auch den Grundstein für das Funktionieren und den großen Erfolg des Songs legt.

Village People: *Go West*

Wir folgen dem Ratschlag der Village People und gehen nach Westen. Wo immer das auch sein mag.

Jedes Mal fehlt wieder einer: Indianer, Polizist, Bauarbeiter, Soldat, Leder-Fetischist und... Warum kann man sich so etwas nie merken? Wissen Sie es spontan? Es ist... der Cowboy, hätte man eigentlich draufkommen können, amerikanischer geht's ja nicht. Für alle, die gerade nicht wissen wovon die Rede ist, es geht um die Mitglieder der Band Village People und ihre schon zum Kult gewordenen Outfits.

Die verdanken wir ihrem französischen Produzenten Jacques Morali. Der lief nämlich eines Tages durch das Village - gemeint ist der New Yorker Stadtteil Greenwich Village, woher die Village People ihren Namen haben - wo er Felipe Rose in seinem Indianerkostüm durch die Straßen tanzen sah und ihn sofort engagierte. Die restlichen Kostümierungen entsprangen seiner Fantasie.

Um dem neben *Y.M.C.A.* und *In The Navy* erfolgreichsten Titel der Gruppe, *Go West*, näher zu kommen, müssen wir uns etwas mit der Geschichte des Greenwich Village beschäftigen.

Greenwich Village liegt im Südwesten von Manhattan, im Norden durch Chelsea und im Süden durch Soho begrenzt. Durch seine spezielle Bebauung, die nicht wie in Manhattan üblich dem Schachbrettmuster folgt, zog "The Village" schon früh Künstler aller Art an. Es herrschte dort in der Enklave der Bohemiens eine tolerante Atmosphäre vor, in der sich die zu Hause fühlten, die sich nicht als Teil der etablierten Gesellschaft, sondern als deren Kritiker sahen. In den 1950er Jahren zog das Village damit die Beatniks an, genauso wie die gesellschaftskritischen Folksänger in den 1960ern.

Damals etablierte sich auch langsam eine recht große schwule Gemeinde in Greenwich Village, die gesellschaftlich immer noch geächtet war. Ein Polizeieinsatz gegen eine hauptsächlich von Homosexuellen besuchte Kneipe in der Christopher Street entwickelte sich 1969 kurzerhand zu Ausschreitungen, die als Christopher Street Day in die Geschichte eingingen, und damit den symbolischen Startpunkt für den Kampf der Schwulen- und Lesbengemeinde für gesellschaftliche Anerkennung darstellten.

Um diese homosexuelle Gemeinde geht es in *Go West*. Jacques Morali castete die Village People bewusst in der Szene, um homosexuelle Fantasien zu kanalisieren und mit der Band speziell Schwule anzusprechen. Dazu wurden von Textern auch spezielle, homosexuelle Themen berührende Liedtexte für Village People geschrieben.

Im Amerikanischen gibt es den Begriff "gentrification". Dieser bezeichnet die bautechnische und soziale Aufwertung eines Stadtteils. Dies läuft immer ähnlich ab: ein heruntergekommenes Gebiet wird von einer Gruppe von Menschen, meist gesellschaftlich am Rande stehend und mit kaum Kapital gesegnet, neu erschlossen. Durch eine gewisse Form der Kultur oder Subkultur, die dort entsteht, und ein entsprechendes Lebensgefühl zieht die Gegend im Laufe der Zeit immer mehr Leute an. Darunter sind auch immer mehr wohlhabende Menschen, die an diesem Lebensgefühl teilhaben wollen. Sie bringen Kapital in die Gegend, woran sich eine städtebauliche Aufwertung in Form von Renovierungen, Neubauten, etc. anschließt. Die unmittelbare Folge davon ist, dass die Preise steigen, und sich die ursprünglich da wohnende Gruppe die Gegend nicht mehr leisten kann und weiterziehen muss. Der Prozess beginnt an anderer Stelle von vorn.

Dies geschah auch in Greenwich Village in den 1970ern und darauf bezieht sich der Liedtext von *Go West*. Er stellt die allgemeine Aufbruchsstimmung der Homosexuellenszene dar, weg aus dem Village, das sich inzwischen niemand mehr leisten konnte, in eine bessere Zukunft. Wohin die Reise gehen soll, wird im Liedtext nicht explizit erwähnt, kann aber mit hoher Wahrscheinlichkeit erschlossen werden. Sonne, Strand, draußen sein, all das lässt auf Kalifornien schließen, das schon für die Hippies eine Art gelobtes Land gewesen war.

Anfang der 1990er legten die Pet Shop Boys die Hymne wieder auf. Zu dieser Zeit war aber außerhalb der homosexuellen Szene die ursprüngliche Bedeutung des Songs schon wieder vergessen. Noch viel mehr: durch den Fall des Kommunismus und der dadurch wiedergewonnenen Freiheit für die ehemaligen Ostblockstaaten hatte der Slogan "go west" eine ganz neue Bedeutung erhalten, die auch im Video der Pet Shop Boys aufgenommen wurde. Und die funktionierte. Der Liedtext ließ sich - vielleicht mit Ausnahme vom Strand und der Sonne im Winter ohne Probleme auf die neue Situation übertragen. Somit waren die Träume und Wünsche der Schwulen in den 1970ern auch nicht anders als die der Menschen der 1990er im Osten. Worüber sich noch etwas nachzudenken lohnt.

Musikalisch basiert *Go West* im Übrigen wie einige Popsongs (zum Beispiel Coolios *C U When U Get There*) auf dem Kanon in D von Johann Pachelbel. Ob das alles wohl die Fußballfans wissen, die zur Melodie jeden Fußballsamstag "Ole, jetzt kommt der BVB" grölen? Bestimmt nicht. Ist aber auch ziemlich egal.

Boomtown Rats: *I Don't Like Mondays*

Wenn Jugendliche ausrasten - die erste Wahnsinnstat eines Teenagers an einer kalifornischen Schule und die lapidare Begründung

Die Amerikaner und ihr spezielles Verhältnis zu Waffen. Ein Phänomen, dem wir Europäer ziemlich rat- und fassungslos gegenüberstehen. Man kann es wahrscheinlich nur aus der amerikanischen Geschichte erklären; aus der Zeit, als die Pioniere und Siedler in der damals noch feindlichen Wildnis ständig um ihr Leben fürchteten, sich in ihrem Vorwärtsdrang Richtung Westen in den langen Auseinandersetzungen mit den Native Americans - damals noch Indianer genannt - befanden, und sich gegenüber diesen omnipräsenten Bedrohungen nur mit einer Waffe sicher fühlen konnten.

Trotzdem ist es unglaublich, wie jede neue US-amerikanische Regierung gegenüber der Waffenlobby einknickt. Und zu diesem Wahnsinn gehört auch, dass die NSA, die National Security Agency, auf der einen Seite in Abhöraktionen beispiellosen Ausmaßes riesige Mengen von Daten ansammelt und auswertet, mit der Begründung, dies diene der nationalen Sicherheit, und auf der anderen Seite die Regierung nichts dagegen tut, dass jeder Dahergelaufene mehr oder weniger problemlos eine oder mehrere Waffen kaufen kann. Und daran können anscheinend auch noch so viele sinnlose Schulmassaker etwas ändern. Der Waffenlobby und der Wirtschaftskraft ihres Gewerbes sei Dank.

Womit wir beim Thema wären. Es geht um Brenda Ann Spencer. Sie ist inzwischen 57 Jahre alt. Als sie 16 war, bekam sie von ihrem Vater als Weihnachtsgeschenk eine - man ahnt es vielleicht schon, und es ist tatsächlich so - eine Waffe, ein halbautomatisches Gewehr, Kaliber 22. Nur etwas mehr als einen Monat später, am 29. Januar 1979, schoss Brenda Spencer mit dieser Waffe aus aus ihrem elterlichen Haus auf die gegenüberliegende Grover Cleveland Elementary

School, eine Grundschule in San Diego, Kalifornien. Sie tötete dabei den Schulleiter und den Hausmeister und verletzte acht Schulkinder und einen Polizeibeamten schwer.

Ihre traurige Berühmtheit erlangte sie allerdings nicht nur wegen dieser Wahnsinnstat, die mehr als sechs Stunden dauerte, sondern wegen der lapidaren Begründung. Die soll sie noch während der Schießerei einem Journalisten gegeben haben, der sie einfach mal bei sich zu Hause anrief. Sie sagte: *"I don't like Mondays. It livens up the day."* Heute kann sie sich angeblich nicht mehr erinnern, den Satz jemals gesagt zu haben, aber er steht symbolisch für die Sinnlosigkeit dieser und anderer, ähnlicher Verbrechen.

Auch heute, 40 Jahre nach der Tat, sitzt Brenda Spencer noch in Haft. Sie war 1980 zu einer lebenslangen Freiheitsstrafe verurteilt worden. Mehrere Gnadengesuche sind schon abgelehnt worden, das letzte 2009 (38). Die Schuld dafür trägt sie unter anderem selbst, gibt sie doch bei jedem Haftprüfungstermin andere Dinge zu Protokoll. Sie sagt zwar, sie sei ein anderer Mensch geworden, sei sich der Tragweite ihrer Tat bewusst, fühle eine Verantwortung für die seither begangenen ähnlichen Taten, für die sie ein Vorbild gewesen sein könne. Auf die Frage nach dem Motiv führt sie aber inzwischen Alkohol- und Drogenkonsum an, sowie sexuellen Missbrauch durch ihren Vater an. Auch Verschwörungstheorien werden von ihr geäußert, in denen sie die Schuld für das Massaker gänzlich von sich weist. Ihre nächste Möglichkeit frei zu kommen ist 2021.

Noch im Jahr der Schießerei veröffentlichte die irische Popgruppe The Boomtown Rats den Titel *I Don't Like Mondays*, der auf Spencers Tat Bezug nimmt. Bob Geldof, der kreative Kopf der Boomtown Rats, schrieb den Song nachdem er in einem Studio eines Radiosenders miterlebt hatte, wie die Nachricht des Massakers aus der Telexmaschine ratterte - ein Bild, das er in seinem Songtext wiederverwendete. Wie Geldof in einem Interview berichtet (39), versuchte der Vater Brenda Spencers, ihn wegen des Songs zu verklagen. Außerdem erzählt Geldof dort, dass Brenda Spencer ihm aus dem Gefängnis geschrieben habe. Sie sagte, dass sie froh sei, diese Tat begangen habe und dass sie ihm dafür danke, dass er sie damit berühmt gemacht habe. Dass ihn das belastet, ist wohl mehr als verständlich.

I Don't Like Mondays ist in vielerlei Hinsicht ein außergewöhnlicher Popsong, der es schafft, bei aller Eingängigkeit eine latent bedrohliche Stimmung zu schaffen. Außerdem weicht der Song in mehreren Punkten von den üblichen Stereotypen des Popgeschäfts ab.

Schon allein das Intro des Songs ist bemerkenswert. Sie wie wie der ganze Song vom Klavier dominiert und besteht aus mehreren Elementen. Sie beginnt mit einem mehrmals angesetzten Glissando auf den schwarzen Tasten des Klaviers, das auf einem tiefen Basston (Es) endet. Dieser Basston wird nicht nur mit großer Lautstärke gespielt, sondern auch von den tiefen Streichern verstärkt, was ihm eine große Wucht verleiht. Über diesem nun liegenden Basston beginnt eine Folge von akzentuiert gespielten Quarten und Terzen, die sich in drei Gruppen von jeweils vier Akkorden nach unten bewegen. Unterbrochen werden diese Einheiten von je drei Schlägen des Basstones Es. Bis hierher wird das Intro ausschließlich auf den schwarzen Tasten gespielt. Sie ist somit rein pentatonisch. Nach einem überraschenden Akkordwechsel (zwei Takte A major7 über Basston H) kommen wieder zwei Takte mit den Quarten und Terzen, bevor das Intro nach H-Dur, der Grundtonart des Songs abkadenziert.

Dieser Beginn wirft den Zuhörer förmlich in die Sphäre des Songs hinein, schafft eine bedrückende Atmosphäre, der man sich schwer entziehen kann. Es ist, wie wenn man in die Welt der Brenda Spencer eintaucht, die von den Klängen der Mollpentatonik geprägt ist, um dann mit dem Ende des Intros und der Kadenz nach H-Dur in der Realität anzukommen, der Erzählebene, in der die Ereignisse von außen geschildert werden. Der textliche Beginn des Songs wirkt wie eine nachträgliche Beschreibung dessen, was im Intro passierte.

Das Schlagzeug trägt wenig zur Rhythmik des Songs bei. Diese Aufgabe wird hier von Klavier und Streichern übernommen. Die Hauptaufgabe des Schlagzeugs sind dumpfe, untermalende Schläge auf den tiefen Toms, die meist mit dem Einsatz der tiefen Streichinstrumente korrespondieren.

Ein wichtiger Bestandteil des Arrangements sind die Streicher, die dem Song aber keinen Schmelz, keine Süße, und auch keine Lieblichkeit verleihen, sondern im Gegenteil zur Intensität des Songs beitragen. Dies wird dadurch erreicht, dass hauptsächlich tiefe Streichinstrumente den Klang dominieren. Die hohen Streicher werden vor allem in rhythmischer Funktion eingesetzt, spielen also weniger lange Töne oder melodische Phrasen, sondern eher akzentuiert gespielte, repetierte Noten. Im ersten Teil der dritten Strophe wird die hohe Klavierbegleitfigur zudem von pizzicato (gezupft) gespielten Violinen unterstützt.

Sugarhill Gang: *Rapper's Delight*

Die Hiphop-Kultur wurde mit diesem Song zwar nicht geboren, aber was wäre der Hiphop ohne *Rapper's Delight*?

Als Grandmaster Flash and the Furious Five 1982 ihre "Message" von der unerträglichen Situation der afroamerikanischen Bevölkerung in der South Bronx in die Welt hinausschleuderten, läuteten sie eine neue Epoche in der Geschichte des Hiphop ein, die heute gemeinhin als "Old School" bezeichnet wird. Drei Jahre waren zu diesem Zeitpunkt vergangen, seit der Hiphop zum ersten Mal ins Licht einer großen Öffentlichkeit getreten war.

Steht man heute vor einer 8. Schulklasse und erzählt ihnen, dass der Hiphop, und mit ihm der Rap schon um die 40 Jahre auf dem Buckel hat, schaut man in ungläubige Gesichter. Sind es doch vor allem die Jungs, für die Hiphop die angesagte Musik ist. Vieles hat sich seit den Anfängen auch geändert. Festzuhalten aber bleibt, dass der Hiphop die Zeiten überdauert hat und lebendiger ist denn je.

Das Näschen dafür, dass das, was da in den 1970ern weitgehend unter Ausschluss der breiten Öffentlichkeit in den schwarzen Ghettos der New Yorker Bronx stattfand, mehr sein könnte als nur eine kurze Modeerscheinung in der afroamerikanischen Szene, hatte eine gewisse Sylvia Robinson. Glaubt man verschiedenen Quellen, so hat sie sich bei ihren Kindern die Inspiration geholt. Geholt hat sie sich auch drei Rapper, nämlich Wonder Mike, Big Bank Hank und Master Gee, und mit den Herrschaften die Single *Rapper's Delight* eingespielt. Das alles firmierte unter dem Bandnamen Sugarhill Gang, benannt nach der Plattenfirma Sugarhill Records, die Sylvia Robinson betrieb. Woanders hergeholt hat man sich auch den *Rapper's Delight* zugrunde liegenden Groove, auch das in bester Hiphop-Tradition.

Denn der Disco-Hit *Good Times* der Gruppe Chic war noch kein halbes Jahr alt, als Sugarhill Gang zugriff, und die charakteristische viertaktige Bassline zusammen mit dem Funkgitarren- und Klavier-pattern herausgriff und als Grundlage für *Rapper's Delight* benutzte. Da 1979 das Samplen, also das digitale Aufnehmen und Bearbeiten solcher Tracks gerade erst begann, spielte man den Groove neu ein.

Die kreativen Köpfe hinter *Good Times*, der Gitarrist Bernard Edwards und der Bassist Nile Rodgers, wurden allerdings nicht gefragt, ob man ihren Hit weiterverwenden durfte. Da alle Beteilig-ten in New York ansässig waren und dort bestens in der Szene ver-netzt, blieb es auch nicht lange unerkannt und Edwards und Rod-gers drohten mit einer Urheberrechtsklage. Sie wurden dann auch sehr schnell als Urheber mit aufgenommen.

Vergleicht man beide Aufnahmen, ist die starke klangliche Nähe zwischen Original und Kopie auffallend. Ist im Original von Chic die Rhythmusgitarren- und Klavierschicht ständig präsent, wie es bei Funknummer üblich ist, so wird im Cover diese Schicht nur ab und an dazugeschaltet, um eine Art Refrainwirkung zu erhalten, und dazu dynamisch gegenüber der Bassline in den Hintergrund gedrängt. Dies führte in letzter Konsequenz zur Entstehung von Stilarten wie Drum'n'Bass.

Aber nicht nur in dieser Hinsicht war die Aufnahme wegweisend. Sie brachte den Hiphop aus der in sich geschlossenen Szene in die Schlagzeilen und ermöglichte so den massiven kommerziellen Er-folg der Hiphop-Kultur. Dass dies durch eine Band geschah, die - wie man heute sagen würde - gecastet wurde, also nicht aus den Vorreitern der internen Szenekultur bestand, wurde und wird von vielen als Makel empfunden, der aber um so leichter zu verschmer-zen ist, als die Welle schnell auch auf die ursprüngliche afroameri-kanische Szene überschwappte. Dies kann man daran sehen, dass die Sugarhill Gang heute sicherlich zu den One-Hit-Wonders ge-zählt werden darf, und sich mit Afrika Bambaataa, Grandmaster Flash (*The Message*, siehe Anfang des Artikels) und Kool DJ Herc bald die eigentlichen Triebkräfte der Hiphop-Szene durchsetzen konnten.

Was bleibt ist eine Aufnahme, die es bis heute schafft, gute Laune zu verbreiten, und die andere Künstler, nicht nur aus dem Hiphop-Umfeld, inspiriert hat. Man denke da nur an Queen und *Another one bites the dust,* die ihr Spiel mit der Bassline und dem rap-artigen Gesang treiben. Auch der hierzulande wohl unvermeidliche Sommerhit mit dem ebenso unvermeidlichen südländischen Flair, der 2002 nicht zu umgehen war - die Rede ist vom *The Ketchup Song* von Las Ketchup - nimmt sich Elemente von *Rapper's Delight;* in diesem Fall die mit dem Gattungsbegriff Hiphop spielende Rap-Passage des Intro, "übersetzt" sie ins Spanische - allerdings nur phonetisch - und versieht sie mit einer hauptsächlich aus Tonrepetitionen bestehenden Melodie. So wird hier aus einem eigentlichen Nonsens-Text eine noch sinnfreiere Variante erschaffen. Das ist sicherlich auch eine Kunst.

Die 1980er Jahre

1980

Stevie Wonder: *Happy Birthday*

Der Gedenktag für den amerikanischen Bürgerrechtler Dr. Martin Luther King

Als der amerikanische Präsident Ronald Reagan im Jahr 1983 einen Gesetzentwurf unterzeichnete, der den jeweils dritten Montag im Januar zum nationalen Gedenktag für Dr. Martin Luther King erklärte, waren die Unterstützer des Gedenkens an den charismatischen Bürgerrechtler am Ende eines langen Wegs angekommen. Schon wenige Tage nach Kings Ermordung hatte der afroamerikanische demokratische Kongressabgeordnete John Conyers einen Gedenktag angeregt und einen entsprechenden Gesetzesentwurf eingebracht. Doch es sollte noch 15 lange Jahre dauern, bis der Feiertag Wirklichkeit wurde.

Ob der Gedenktag jemals ohne Stevie Wonders Hilfe zustande gekommen wäre, darf getrost bezweifelt werden. Wonder hatte den in den USA allgegenwärtigen Rassismus schon als Kind am eigenen Leib erfahren, wie er selbst erzählt. (1) So machte er die ersten Erfahrungen mit seiner Hautfarbe, als seine Großmutter gestorben war, und die Familie in den Süden fuhr. Dabei riefen die Nachbarskinder immer wieder „Nigger, nigger!". Dies löste bei dem kleinen Stevie Verwunderung und Verärgerung aus, weil er – blind wie er war – gar nicht wusste, was ein „nigger" war und nicht verstand, warum man ihn beschimpfte. Er konnte ja nicht sehen, wie er und wie der andere aussah.

Während seiner Zeit als "Little Stevie Wonder" bei Motown traf er bei den ausgedehnten Tourneen in die Südstaaten wieder auf die dort institutionalisierte Rassentrennung. Aus diesen Erfahrungen heraus thematisierte er den Rassismus immer wieder in seinen Songs, oft auch im Kontext sozialer Themenstellungen, wie zum

Beispiel in *Living for the City* oder *Pastime Paradise* vom Album *Songs in the Key of Life*.

Mitte der 1960er Jahre war der 1950 geborene Stevie Wonder allerdings noch zu jung, um sich in der von Dr. Martin Luther King geführten Bürgerrechtsbewegung zu engagieren. King stand wie kein anderer für friedlichen Protest und starb trotzdem gewaltsam. Er hatte seit Ende der 1950er Jahre stetig und konsequent für die Rechte der Afro-Amerikaner und gegen die Rassendiskriminierung gekämpft. Höhepunkt der friedlichen Proteste war der Marsch auf Washington im Jahr 1963 mit Luther Kings berühmter Rede vor dem Lincoln Memorial, in der er in kraftvollen Bildern und mit enormer Sprachgewalt eine friedliche, freundschaftliche und gleichberechtigte Koexistenz von Schwarzen und Weißen in den USA beschwor.

Als Dr. Martin Luther King am 4. April 1968 auf dem Balkon eines Motels in Memphis von einem Schuss tödlich getroffen wurde, war die Welt geschockt. Das FBI nahm Wochen später den mutmaßlichen Attentäter auf dem Londoner Flughafen fest, doch dieser James Earl Ray war höchstwahrscheinlich nicht mehr als ein Sündenbock. Es gibt zu viele Unklarheiten, was den Ablauf des Verbrechens angeht, zu viele Versuche des FBI, nicht genau zu recherchieren. Es fällt nicht schwer zu glauben, dass der amerikanischen Geheimpolizei dieser unbequeme, die Massen bewegende Mann zu gefährlich, zu einflussreich geworden war.

Stevie Wonder war wie viele afro-amerikanische Musiker zu Kings Beerdigung gekommen. Er lernte dort neben John Conyers auch Kings Witwe Coretta Scott King kennen, zu der er den Kontakt in den folgenden Jahren nie ganz abreißen ließ.

Im Jahr 1979, elf Jahre nach Martin Luther Kings Tod waren die Kräfte, die ein Gedenken an den Bürgerrechtler verhindern wollten, noch unvermindert stark, so dass ein von Präsident Jimmy Carter vorgelegter Gesetzentwurf für den Feiertag knapp abgelehnt wurde. Als Stevie Wonder merkte, dass die Einflussnahme rein über politische Kanäle nicht zum Ziel führen würde, setzte er auf eine neue Strategie um den Gedenktag durchzusetzen: die Kraft der Musik. Doch wie könnte sich ein Song anhören, mit dem man einen solchen Gedenktag einfordert? Wonders Lösung war genial.

Der auf dem Album *Hotter than July* aus dem Jahr 1980 veröffentlichte Song *Happy Birthday*, auf dem er sich vehement für den Gedenktag aussprach, besaß nichts vom Zorn früherer Aufnahmen wie *Living for the City* oder von der Melancholie von *Pastime Paradise*. Im Gegenteil, der Song bestach durch eine ausgeprägte Fröhlichkeit, ja fast schon eine Art von Partystimmung. Wenn Wonder eines gelernt hatte, dann dass Verbissenheit und Verbitterung nicht zum Ziel führen würden. So propagierte der Song eine *"world party"* an dem Tag, wo er zur Welt kam (2), wobei mit "er" natürlich Martin Luther King gemeint war. Es war sicherlich auch Teil der Strategie, dass der Name Martin Luther King im Liedtext nur einmal, quasi am Rande vorkommt, und ansonsten das mehrfach wiederholte "Happy birthday" des Refrains den Song dominiert.

Im Liedtext geht Wonder auch nur verklausuliert auf Kings Verdienste ein, wie auf seine berühmte Rede *I have a dream*, deren Kernsatz Wonder so aufgreift, dass einige den Traum nicht so klar sehen konnten wie King. Der optimistische Grundton des Songs findet sich in vielen Textzeilen wieder. Ab der Bridge des Songs kommt der vielleicht entscheidende Schachzug, indem Wonder keinen direkten Gedenktag für King, sondern einen weltweiten Feiertag für den Frieden fordert (3). Dem konnte nun wirklich niemand widersprechen.

Doch nun musste Wonder es noch schaffen, die Massen zu bewegen. Und er scheute weder Kosten noch Mühen. Für die nächsten Jahre widmete er sich fast nichts anderem, als das Momentum des Songs in einer Tournee, in großen Live-Events und von ihm selbst organisierten Massenkundgebungen auf das Publikum zu übertragen. Wie viel seines Vermögens Wonder einsetzte, hat er nie verraten, er äußerte sich, wenn überhaupt, nur kryptisch und meinte, dass es teuer war, weil er seine Karriere zu einem Großteil zum Stillstand brachte. (4)

Aber es funktionierte. Wonder tourte und sang und tourte und sang und das Publikum sang *Happy Birthday* wie eine Hymne begeistert mit. Dazu sammelten Wonder und Coretta Scott King Unterschriften für eine Petition - sechs Millionen waren es am Ende - und am Schluss konnte sich dieser geballten positiven Kraft niemand mehr widersetzen. Der Martin Luther King Day konnte kommen.

1980

Bette Midler: *The Rose*

Die durchaus romantische Entstehungsgeschichte zu einem durchweg romantischen Song

Sängerinnen und Sänger samt ihren Begleitern an den Tasten, die öfter für kirchliche Trauungen gebucht werden, wissen dies aus Erfahrung: *The Rose* ist eines der populärsten Lieder für diese Anlässe, also wenn es darum geht, eine möglichst romantische Stimmung zu erzeugen. Von den einleitenden, terzlosen Klavierakkorden, die den Song formal umklammern, von der sich über drei Strophen hin aufbauenden Dreistimmigkeit des Gesangs, die am Schluss wieder zur Einstimmigkeit reduziert wird, von den einfachen Kadenzakkorden, die die reine poetische Aussage des Textes unterstreichen, bis hin zum Liedtext selbst stimmt hier einfach alles.

Wem das aber alles zu kitschig ist, der befindet sich in guter Gesellschaft. Auch die Produzenten des Films mit dem gleichen Titel, denen der Song angeboten wurde, fanden ihn irgendwie langweilig und bemängelten, dass das eher eine Hymne sei als richtiger Rock'n'Roll. Man muss dazu wissen, dass der Film *The Rose* sich in seiner Handlung stark an Janis Joplins Biographie orientiert. Und Janis Joplin hatte ja Power ohne Ende und lebte das schnelle und zerstörerische Leben des Rock'n'Roll: da wollte man beim Titelsong nicht nachstehen. Trotzdem entschied man sich nach vehementem Eintreten von Bette Midler, die die Hauptrolle in dem Film innehatte, für *The Rose* und begründete damit den Welterfolg des Songs.

Geschrieben hat den Song Amanda McBroom, eine US-amerikanische Sängerin und Komponistin. Laut eigener Aussage (5) schrieb sie den Song in einem Schub von Kreativität in ihrem Auto. Inspiriert wurde sie dabei von einem Song im Radio, und die Geschichte erinnert irgendwie an die Entstehung von *Killing me softly* einige Jahre zuvor und ist mindestens genau so romantisch wie der Song selbst. War es bei Lori Lieberman Don McLean, der sie zu dem

119

Song inspirierte, ist es im Falle von Amanda McBroom Leo Sayer gewesen, dessen Song *Magdalena* den Kuss der Muse auslöste.

Diesen Song hörte sie nämlich im Autoradio und konnte nicht schnell genug heimkommen, um die Melodie und den Text nicht zu verlieren, der sich in ihrem Kopf formte. Vor allem die Textzeile aus *Magdalena*, in der die Liebe mit einem Rasiermesser und das Herz mit einer Narbe verglichen wird (6), beeindruckte McBroom, löste bei ihr aber den Wunsch aus, den Inhalt umzudeuten, die Schärfe des Bildes in eine tröstendere, ja quasi religiöse Aussage zu verwandeln. Die Wunden, die durch die Kraft der neuen Liebe verheilen. Die Saat der Liebe, die still schlummert und auch nach schlechten und harten Zeiten aufgeht.

Dazu passt auch die Einschätzung von McBrooms Ehemann, sie hätte mit *The Rose* einen Standard geschrieben, verbunden mit seiner Prophezeiung, dass etwas mit dem Song geschehen würde. (7) Nach einiger Zeit stillen Schlummerns, in der der Song nur im Bekanntenkreis von McBroom bekannt war, trat *The Rose* als Titelsong im oben erwähnten Film dann auch den weltweiten Siegeszug an und wird wohl nicht so schnell verblühen. Man wird sich also wiedersehen, oder besser hören, spätestens bei der nächsten Hochzeit...

Phil Collins: *In The Air Tonight*

Rumour has it... Wenn die Gerüchteküche erst einmal kocht, ist kein Kraut dagegen gewachsen.

Ich will zunächst einmal feststellen, dass das Gerücht nicht stimmt. Das ist soweit sicher. Phil Collins hat es selbst oft genug betont. Falls es sich doch noch nicht bis zu jedem herumgesprochen haben sollte: es geht um diese Geschichte mit dem Ertrinkenden.

Dem Song soll, so die Legende, von der es inzwischen zig verschiedene Versionen gibt, eine wahre Begebenheit zu Grunde liegen. Phil Collins soll eine Szene beobachtet haben, in der ein Mensch ertrinkt und ein anderer, der helfen könnte, dies nicht tut, wohingegen Phil Collins zu weit weg ist, um selbst einzugreifen. Anschließend lädt er diesen Mann auf eines seiner Konzerte und singt ihm *In The Air Tonight* sozusagen ins Gesicht, um ihn mit seiner Schuld zu konfrontieren.

Wie schon erwähnt: es ist nichts dran. Das Gerücht entstand schon recht bald nach der Veröffentlichung des Songs und ist wohl von der entsprechenden Textzeile inspiriert. Dabei ist es eigentlich klar, dass es dabei nicht um einen wirklichen Fall des Ertrinkens geht. Dies ist eine Metapher, die hier von Collins benutzt wird, um auszudrücken, dass er mit der angesprochenen Person abgeschlossen hat. Gemeint ist hier, wie Collins selbst erläutert hat, seine Frau Andrea, von der er sich zur Zeit der Entstehung des Songs getrennt hat. Er schildert die Bitterkeit, die Frustration, die er dabei empfindet.

Interessant an dieser Sache ist allerdings die Hartnäckigkeit, mit der das Gerücht seit so vielen Jahren kursiert, und die Tatsache, dass die vielen Dementis nichts nützen. Warum ist das so? Vielleicht wollen die Menschen eine so anrührende Geschichte hinter dem Song haben, um persönlich berührt zu werden. Vielleicht fällt dann der Bezug, die Identifikation mit dem Song leichter. Es ist anscheinend ein Bedürfnis der Menschen, hinter die Dinge zu schauen, vor allem die, die man vordergründig nicht versteht, wie zum Beispiel einen Liedtext, der sich nur in Anspielungen auslässt und nie konkret wird. (Dies ist ja auch ein Grund, dem dieses Buch seine Berechtigung verdankt.)

Es scheint gerade so als wollten die Hörer die wahre, unspektakuläre Geschichte hinter dem Song gar nicht wahrhaben, als würden die Richtigstellungen geradezu an ihnen abprallen. Man ist etwas Geheimnisvollem auf der Spur und will gar nicht hören, dass sich alles ganz einfach erklären lässt. Das ist vielleicht ein bisschen wie bei dem Weihnachtsgeschenk, das man als Kind vor der Bescherung überall sucht, und wenn man es dann gefunden hat, hat es seine Faszination verloren. Der Song fasziniert durch das Unerhörte, das hinter ihm zu stecken scheint.

In The Air Tonight ist aber noch aus einem anderen und eigentlich viel wichtigeren Grund ein bemerkenswertes Stück Popmusik. Genau 3:40 Minuten lang plätschert der Song, nur von einem dezenten, leisen Computer-Drumbeat und ein paar Keyboard-Flächen zusammengehalten, so vor sich hin. Er baut aber dabei unmerklich eine immer größere Spannung auf, die sich dann in einem der bekanntesten Drumfills der Popgeschichte entlädt. Es ist auch nach fast 30 Jahren immer noch faszinierend, die Musik genau auf diesen Moment zulaufen zu hören, der eine für die Popmusik seltene logische Konsequenz besitzt.

Toto: *Africa*

Wodurch wird ein Song zu einem Klassiker, der sich nicht
abnutzt und den man immer wieder hören kann?

Es ist schon ein Phänomen. An manchen Songs kann man sich nicht satthören. Sie verlieren auch durch die zigste Wiederholung nichts von ihrer Faszination. Und wie oft lief Totos *Africa* seit 1982 schon im Radio oder von der CD. Nicht einmal die Sounds klingen alt, obwohl die Technik seit damals Quantensprünge gemacht hat.

Sicherlich, manche Songs verbindet man mit einem persönlichen und oft besonders emotionalen Ereignis und hat zu ihnen deshalb eine spezielle und lang anhaltende Verbindung. Aber bei *Africa* ist dies nicht nötig. Es ist ein Dauerbrenner. Im Folgenden ein Versuch, hinter das Geheimnis des Songs zu kommen, herauszufinden woran das liegt.

Ein Song ist immer dann sehr gut, wenn man ihn schon seit Jahren kennt, und doch bei genauem Hinhören immer noch etwas Neues, bisher nicht Wahrgenommenes entdeckt. Haben Sie zum Beispiel schon einmal die Blockflöte gehört, die in der zweiten Strophe als Überstimme mitspielt? Oder haben Sie schon den hohen E-Bass-Fill bemerkt, der den Schlussvamp gliedert? Ist Ihnen schon der Bogen aufgefallen, der den Schluss wieder mit dem Anfang verbindet, indem am Schluss alle Instrumente langsam ausgeblendet werden, bis der Schlagzeuggroove des Anfangs übrigbleibt? Das mögen Kleinigkeiten sein, aber sie stehen symbolisch für die qualitativ hohe Arbeit, die Planung, die Tüftelei, die hinter der Produktion von *Africa* steckt.

Tüftler waren sie, die Musiker von Toto: David Paich (Keyboards, Vocals), Steve Lukather (Gitarre, Vocals), Bobby Kimball (Vocals), Steve Porcaro (Keyboards), Jeff Porcaro (Drums) und David Hungate (Bass). Und sie waren Könner an ihren Instrumenten. Nicht zuletzt deshalb hat man ihnen immer wieder vorgeworfen, dass ihre

Aufnahmen zu perfekt seien, zu klinisch, zu emotionslos. Das Synthesizersolo aus *Africa* mag sinnbildlich dafür stehen.

Das durchweg zweistimmige Solo im Kalimbasound läuft über die verkürzte Harmoniefolge der Strophe, die nur noch sechs Takte beträgt. Die sechs Solotakte sind in drei zweitaktige Phrasen gegliedert. Die erste und dritte Phrase wird geprägt von Dreiergruppen, die erste abwärts und die dritte in der Aufwärtsbewegung. Die Gruppierung von immer drei Achteln ergibt über dem 4/4-Takt der Begleitung reizvolle Akzentverschiebungen. Die mittlere Phrase benutzt fast nur Triolen, die außerdem in der Mitte der Phrase sehr laid-back, also rhythmisch etwas zu spät, gespielt werden. Somit hat das Solo in seinem Aufbau eine Symmetrie, die bestimmt nicht zufällig entstanden ist, sondern das Ergebnis sorgfältiger Planung. Statt ausufernder Improvisation wird hier auf kleinstem Raum maximale Wirkung erzeugt. Und schwer zu spielen ist das Solo dabei auch noch.

Welche Detailarbeit sonst noch hinter den 4.58 Minuten steckt, verrät der Artikel "Toto's Africa" von Robyn Flans, der hauptsächlich aus Interviewteilen mit David Paich, Jeff Porcaro, Steve Lukather und dem Toningenieur Al Schmitt besteht. (8)

Jeff Porcaro äußert sich darin ausführlich über den Schlagzeug-Groove des Beginns der Aufnahme. Dieser wurde inspiriert von den typischen Charakteristika afrikanischer Trommelmusik: dem Beibehalten eines Grooves über längere Strecken, ohne dass dieser variiert wird, und eine Komplexität, die aus dem gleichzeitigen Ablaufen von verschiedenen, rhythmisch unterschiedlichen Schichten besteht. Genau so funktioniert die Schlagzeugspur von *Africa*. Es handelt sich dabei nämlich um einen Drumloop, also eine endlos wiederholte kurze Tonbandeinspielung, die sich das ganze Stück über nicht ändert. Um diesen Loop zu kreieren, setzten sich der Schlagzeuger Jeff Porcaro und der Perkussionist Lenny Castro ins Studio, bewaffnet mit Bassdrum, Snaredrum und Hi-Hat (Jeff) und zwei Congas (Lenny). Sie spielten dann fünf Minuten lang, suchten sich anschließend von der dabei entstandenen Aufnahme die besten zwei Takte und überspielten sie noch mit Shaker und Cowbell. Daraus entstand der eintaktige Tonband-Loop, der in der Tat von Anfang bis Ende der Aufnahme durchläuft.

Dies ist aber noch nicht alles, was den Einsatz von Schlagzeug betrifft. Zu diesem Loop spielte Jeff Porcaro zusätzliches Schlagzeug während des Refrains ein. Man kann den Einsatz deutlich hören. Porcaro leitet die neue Schlagzeugstimme kurz vor dem Refrain mit einem Fill über drei Toms ein. Während der Strophen ist dagegen nur der Drum-Loop zu hören.

Was den Gesang angeht, konnte Toto ja mit drei Leadsängern aus dem Vollen schöpfen. Wegen des recht umfangreichen Texts in den Strophen wurde viel probiert und umgeworfen, bis sich David Paich als der Geeignetste für die Strophen herausstellte. Den Refrain dagegen singt nicht er, sondern Bobby Kimball, Steve Lukather und Timmy Schmidt. Darüber hinaus wurde der Leadgesang noch nach dem Vorbild der Beatles und Beach Boys verdreifacht.

All diese Dinge sind die Grundlage dafür, dass ein Song sich so lange halten kann, ohne alt zu werden, ist aber sicher nicht das allein Entscheidende. Im Falle von *Africa* kommt noch ein Liedtext hinzu, der bewusst geheimnisvoll und exotisch ist, voller nicht ganz klarer Anspielungen, Doppeldeutigkeiten und Bilder. Hier sind es vor allem die Bilder, die Afrika evozieren und so die Fantasie anregen. Denn wer wünscht sich nicht, gedanklich aus seinem Alltag herauszukommen und in die Ferne zu schweifen?

Musikalische Qualität, Detailversessenheit, Beherrschung der technischen Möglichkeiten, gepaart mit latenter Urlaubsstimmung und einem Schuss Exotik - das wird wohl das Geheimnis sein.

Michael Jackson: *Beat It*

Eddie Van Halens virtuos-verrücktes Solo als Herausfor-
derung, nicht nur für Jennifer Batten

Das Monster kam immer zum gleichen Zeitpunkt. Eine enorme wasserstoffblonde Löwenmähne thronte über der schwarzen Gesichtsmaske, die das Gesicht einrahmte. Die grimmig dreinblickenden Augen wurden von sternförmigem blauem Make-up eingefasst. Sonst war das Monster ganz in schwarz gekleidet, mit Lackstiefeln und glänzender Jacke.

Das Monster war eine Frau, hieß Jennifer Batten und war extra engagiert worden. Wobei die Monsterrolle eigentlich nur Zugabe war, Show. Die eigentliche Aufgabe Jennifer Battens war E-Gitarre spielen. Ungefähr 30 Sekunden lang. Das Originalsolo aus Michael Jacksons Superhit *Beat it*, auf der Bühne bei Michael Jacksons Bad World Tour.

Kein geringerer als Eddie Van Halen hatte das Original auf Michael Jacksons *Thriller*, dem meistverkauften Album aller Zeiten, eingespielt. Ein unglaubliches Solo, verrückt und abgefahren, hochfahrend und zappelig wie Michael Jacksons Bewegungen, virtuos bis an die Grenzen des Machbaren, gespickt mit neuen Spieltechniken wie dem Tapping; kurz, ein Statement, an dem die E-Gitarristen dieser Welt zu knabbern hatten. Quincy Jones, der Produzent von *Thriller*, hatte den Deal eingefädelt und Eddie Van Halen für das Solo gewinnen können. In Endeffekt waren es verschiedene Einspielungen, die zu einem Solo zusammengeschnitten wurden, was aber dem Impact auf die Szene keinen Abbruch tat.

Ganze Generationen von E-Gitarristen haben sich seither an dem Solo versucht, haben es transkribiert, geübt, und nicht allzu viele haben es hingekriegt. Eine davon war Jennifer Batten. Und sie hatte es so perfektioniert, dass sie 1987 bei dem Casting, das für Michael Jacksons Welttournee durchgeführt wurde, aus über hundert Bewerbern als Siegerin hervorging. Alleine in einer kleinen Kammer, nur von einer Kamera beobachtet, hatte sie Gitarre gespielt, unter anderem eben auch das Beat it-Solo. Sie war anschließend bei drei Welttourneen Mitglied in Michael Jacksons Band, was ihre Karriere sehr förderte. Vielleicht war es der Grundstein, um überhaupt Karriere machen zu können, als Frau in einer völlig von Männern dominierten Gitarrenszene in den USA.

Eddie Van Halen soll für das Einspielen des Solos anscheinend kein Geld bekommen haben - glaubt man einschlägigen Quellen. Genau so unbestätigt aber mindestens ebenso hartnäckig ist die folgende Legende. Man kann auf der Aufnahme von *Beat It* nach 2:45 Minuten, kurz bevor Van Halens Solo beginnt, ein deutliches Klopfgeräusch vernehmen. Dies soll, so eben die Legende, von einem Techniker verursacht worden sein, dem nicht bewusst war, dass Eddie Van Halen gerade dabei war, aufzunehmen, und der an die Studiotür klopfte.

Eine andere Version erklärt dies damit, dass Van Halen das Klopfen auf seiner Gitarre machte, um zu signalisieren, dass er bereit für sein Solo sei. Und eine letzte Erklärvariante will damit seinen Gastauftritt verdeutlichen: er klopft an, kommt und spielt sein Solo und geht dann wieder (9). Auch eine nette Idee.

Peter Schilling: *Major Tom*

David Bowies einsamer Astronaut *Major Tom* erlebt in den
1980ern seine Wiederauferstehung

Bossa Nova, Nouvelle Vague oder New Wave - all diese Musikstile
bedeuten ins Deutsche übersetzt "Neue Welle". Auch Deutschland
hatte seine neue Welle, die "Neue Deutsche Welle" Anfang der
1980er Jahre. Der Musikstil, der sich dahinter verbarg, war sehr
stark vom britischen Punk und New Wave (daher auch der Name)
beeinflusst, der wiederum als Gegenreaktion auf den Art Rock und
Bombast Rock von Gruppen wie Pink Floyd, Emerson, Lake & Palmer oder Yes entstanden war. Die Neue Deutsche Welle, die Mitte
und Ende der 1970er als Untergrundbewegung losging, orientierte
sich anfangs musikalisch an den britischen Vorbildern, wurde Anfang der 1980er in der kommerziellen Vermarktung allerdings zum
Tummelplatz von Musikern und Bands verschiedenster Stilrichtun-
gen.

Das verbindende Element aller Songs der Neuen Deutschen Welle
war, dass deutsch gesungen wurde. Ende der 1970er war dies eine
Besonderheit und absolutes Neuland, denn bis dahin waren die
einzigen Pop- oder Rocktitel mit deutschen Texten bis auf wenige
Ausnahmen Schlager oder Coverversionen englischer oder amerikanischer Hits gewesen. Aus Begeisterung über den Erfolg der
deutschen Sprache sah man gern darüber hinweg, dass da nicht
alles Gold war, was glänzte und sich neben so manchen Perlen
manchmal ausgemachter Nonsens, absolute Nullaussage, Ober-
kitsch und verkappte Schlagertexte die Klinke in die Hand gaben.

Auch die musikalische Bandbreite war groß und reichte von Bands
wie Ideal (*Deine blauen Augen*), die dem ursprünglichen punkigen
Sound nahe stehen, bis zu den Rock'n'Rollern der Spider Murphy
Gang (*Skandal im Sperrbezirk*), von den Minimalisten von Trio (*Da,
Da, Da*) bis zu verkappten Schlagerinterpreten wie UKW (*Sommer-*

sprossen), von den Spaßvögeln von DÖF (*Codo*) bis zu Krawallrockern wie Extrabreit (*Hurra, hurra, die Schule brennt*).

Somit trugen die Musiker der NDW alle ihren individuellen Teil zur Neuen Deutschen Welle bei, ohne einer gemeinsamen Linie zu folgen und nutzten letzten Endes die Chance, in dem Umfeld deutscher Songs nach oben gespült zu werden. In dieser Hinsicht ist Peter Schillings *Major Tom* ein typischer Song der Neuen Deutschen Welle. Denn Peter Schilling und der Produzent und Gitarrist Armin Sabol produzierten die Platte 1982 völlig im Alleingang, quasi aus dem Nichts kommend, zuerst in einem kleinen Stuttgarter Einzimmer-Apartement.

Die Idee zum Liedtext entstand, wie Peter Schilling vor einigen Jahren in einem Radiointerview (10) bestätigte, während einer Autofahrt in einem alten Opel Kadett auf der A81 nahe des Weinsberger Kreuzes. Noch auf der Fahrt schrieb Schilling den Liedtext auf dem Beifahrersitz auf. Wobei Schilling in besagtem Radiointerview nicht darauf einging, dass die Figur des Astronauten Major Tom, genauso wie die Rahmenhandlung, natürlich nicht seine Erfindung waren. Er sprach nur von einem "kreativen Prozess", den man nicht immer nachvollziehen könne. Der Liedtext ist aber - bewusst oder unbewusst - eigentlich nicht viel mehr als eine Adaption von David Bowies Song *Space Oddity*, den dieser 1969 herausbrachte. Damals war das Thema Raumfahrt auch sehr aktuell, vor allem durch die Mondlandung, die 1969 die Welt bewegte. Aber auch Bowie hatte seine Inspirationsquelle. *Space Oddity* ist ein Wortspiel und bezieht sich ganz klar auf den im Jahr zuvor erschienenen Film Stanley Kubricks *Space Odyssey*.

Dieser wegweisende Film, der in Deutschland unter dem Titel *2001: Odysee im Weltraum* läuft, ist auch heute noch ein Erlebnis. Vor allem die Raumschiffsequenzen und die psychedelischen Effekte, die mit klassischer Musik von Richard Strauss, Johann Strauß und György Ligeti unterlegt sind, machen den Film zum sinnlichen Erlebnis. Inhaltlich hat sich Bowie vom Schluss des Films inspirieren lassen, bei dem eine Crew auf eine lange, ungewisse Reise zu Jupiter geschickt wird, und dabei dem Bordcomputer ausgeliefert ist. Dieser entwickelt ein Eigenleben und reduziert die Crew auf einen Überlebenden namens David Bowman. Dieser einsame Astronaut, den die computergestützten Systeme im Stich gelassen haben, und der in die unendlichen Weiten treibt, das ist die Thematik von *Space Oddity* und *Major Tom*.

Doch es gibt bei nahezu gleicher Handlung auch Unterschiede zwischen den Geschichten, die die beiden Major-Tom-Songs erzählen. Bowies Major Tom ist ein Kind seiner Zeit, als die Raumfahrt noch in den Kinderschuhen steckte. Er ist ein Pionier, ein Abenteurer, ein Held, der auf seiner gefährlichen Mission aber auch die Muße besitzt, die blaue Erde und die Sterne zu bewundern. Er riskiert sein Leben, indem er sich völlig in die Hand der Technik begibt. Seine Faszination geht so weit, dass er, sicherlich vom Film *Space Odyssey* inspiriert, das Heft des Handelns aus der Hand gibt und sein Schicksal dem Computer überlässt. (11)

Schillings Major-Tom-Story ist dagegen widersprüchlich. Sie ist eine etwas merkwürdige Mischung aus dem Astronautenmythos der Anfangstage der Weltraummissionen und der fortgeschrittenen technischen Beherrschung und wissenschaftlichen Nutzung des Weltraums. In die Zeit der Space Shuttles will der einsame Astronaut auf einsamer Mission nicht mehr so recht passen, vor allem weil im Liedtext auch von einer Crew und von wissenschaftlichen Experimenten an Bord die Rede ist. Schillings Major Tom wird als cooler und lockererer Typ präsentiert, über dessen Gedanken und Gefühle wir nicht viel erfahren, der aber nicht wie bei Bowie für die unglaubliche Schönheit des Alls empfänglich ist. Darum ist auch der Schluss, wo bei Peter Schillings *Major Tom* mitschwingt, ob er den Ausfall der Systeme und der Kommunikation mit der Erde nicht selbst verursacht haben könnte, weil er einem nicht näher bezeichneten Licht folgt, nicht unbedingt plausibel. (12)

Auch die von Bowie übernommene letzte Nachricht an seine Frau kommt bei Schilling mit dem Gruß an seine Frau (13) im Gegensatz zum Bowie'schen Original, in dem Major Tom seiner Frau sagt, dass er sie sehr liebt (14), doch ziemlich oberflächlich und flapsig daher und steht damit in gewisser Weise sinnbildlich für viele Texte der Neuen Deutschen Welle.

Den inhaltlichen Gegensatz zwischen den Strophen und dem Refrain hat das Duo Schilling/Sabol dagegen sehr gut gelöst. Die Strophen sind geprägt von staccato-Achteln in der E-Gitarre und einer später einsetzenden immer wiederholten Bassfigur, über die Peter Schilling seine in tiefer Lage in nervösem Deklamierstil vorgetragene Gesangsstimme legt. Damit werden sowohl die Geschäftigkeit und Nervosität der ersten Strophe als auch die Zweifel der zweiten ausgedrückt. Gleichzeitig stellt diese musikalische Gestaltung einen schönen Kontrast zum Völlig-Losgelöstsein des Refrains her. Hier sind eine Steigerung der Lautstärke, eine vollere Instrumentierung, eine hohe Gesangslage und eine aus längeren Notenwerten (hauptsächlich halbe Noten) bestehende Melodie für Charakterwechsel verantwortlich. Die Gesangsstimme schwebt hier quasi über den Begleitinstrumenten wie das Raumschiff über der Erde.

Diesen "richtigen Ton", diesen Nerv hat Peter Schilling anschließend nie wieder gefunden und zählt damit auch zu den so genannten One-Hit-Wonders. *Major Tom* war einfach der perfekte Hitsong: musikalisch irgendwo zwischen gitarrenorientiertem Rock und Synthesizerklängen angesiedelt, prima produziert, mit einem eingängigen Refrain, und - ganz wichtig - zur richtigen Zeit am richtigen Ort. Nicht mehr und auch nicht weniger.

Udo Lindenberg: *Sonderzug nach Pankow*

Udos ironischer und provokanter Liedtext über das DDR-Regime führt am Ende doch zum Ziel.

Tief im Osten und tief in den Achtzigern existierte noch der real-existierende Sozialismus. Einige verknöcherte alte Bonzen klammerten sich in der Deutschen Demokratischen Republik mit aller Macht und mit Hilfe einer perfekten Spitzelorganisation - genannt Staatssicherheitsdienst - an ihre Posten. Vielleicht ahnten sie 1983 schon, dass ihre Zeit ablaufen würde. Hätten sie sich sonst vom Deutschrocker Udo Lindenberg so bereitwillig durch den Kakao ziehen lassen?

Der wollte nämlich Anfang 1983 einige Konzerte in der damaligen DDR geben, was ihm aber von deren Führung verboten wurde. Die war damals immer noch ängstlich darauf bedacht, so wenig westliche Einflüsse wie möglich ins Land zu lassen, um keine weiteren Begehrlichkeiten in der eigenen Bevölkerung zu schüren. Die lebte nämlich in äußerst bescheidenen Lebensumständen, was man von der Führungsspitze nicht behaupten konnte.

Die wiederum hatte es sich in Berlin-Pankow gemütlich gemacht, einem grünen Stadtbezirk im Norden Berlins, in dem die Privilegierten des Staates wohnten und der seit den 1960ern zum Synonym für das Regime der DDR geworden war.

Darauf spielte Udo Lindenberg in seinem Lied *Sonderzug nach Pankow* an, mit dem er auf die Konzertabsage reagierte. Lindenberg veröffentlichte das Lied am 7. Februar 1983. Darin bat er darum, doch in der DDR ein Konzert geben zu dürfen und nahm dabei vor allem den Staatsratsvorsitzenden Erich Honecker derart auf die Schippe, dass der Song in kurzer Zeit in aller Munde war und sich alle (zumindest alle außerhalb des Führungszirkels der DDR) köstlich amüsierten. Vor allem die Unterstellung, dass Honecker, genauso wie seine Bürger heimlich - auf der Toilette und mit Lederjacke -

Westradio hörte (15), was offiziell ja verboten war, war natürlich höchst provokant.

Der Schluss des Songs mit dem an eine Lautsprecherdurchsage erinnernden gesprochenen russischen Text, der es Lindenberg im Namen des Obersten Sowjets erlaubte, in der DDR aufzutreten und somit suggerierte, dass die Staatsführung der DDR nur ein Spielball Moskaus sei, setzte der Provokation noch die Spitze auf.

Logischerweise geriet Udo Lindenberg dadurch und durch den geplanten Auftritt in der DDR verstärkt ins Visier der Staatssicherheit. Aber schon 1976 hatte die Stasi eine Einschätzung Lindenbergs verfasst, in der er als „mittelmäßiger Schlagersänger der BRD" bezeichnet wird, an dem kein Interesse besteht. Laut der Stasi trete er betont anarchistisch auf, was sich in seiner abgetragenen Kleidung und seiner Frisur ausdrücke.

Nach der Veröffentlichung von *Sonderzug nach Pankow* urteilte die Stasi in einer schriftlichen rechtlichen Einschätzung des Liedtextes schon drei Tage später, dass die Würde des Staatsratsvorsitzenden Honecker durch den Liedtext herabgesetzt wird. Sie stufte den Text deshalb als „Straftat der Beleidigung nach §139 Absatz 3 StGB ein." (16)

Für die öffentliche Aufführung des *Sonderzugs* – und damit der *„Störung des sozialistischen Zusammenlebens"* (17) - wurde Berufsmusikern, Laienmusikern und nebenberuflichen Musikern, genauso wie Schallplattenunterhaltern (sic!), eine Verwarnung, ein befristetes oder unbefristetes Spielverbot, eine Geldstrafe oder sogar der Entzug des Berufsausweises angedroht. (18)

Trotzdem, oder gerade deswegen: der Song zeigte Wirkung. Noch im gleichen Jahr, am 25. Oktober 1983, durfte Udo Lindenberg im Rahmen eines von der Freien Deutschen Jugend (FDJ) veranstalteten Konzerts unter dem Titel "Rock für den Frieden" im Palast der Republik auftreten. Vorausgegangen waren zähe Verhandlungen, bei denen der Konzertveranstalter Fritz Rau den Auftritt Lindenbergs zur Bedingung machte, damit der von der Staatsführung der

DDR gewünschte Harry Belafonte auch auftrat, sowie ein persönlicher Brief Lindenbergs an Honecker, in dem Lindenberg feststellte, dass es ihm fern lag, *"Herr Staatsratsvorsitzender, Sie mit diesem Liedchen zu diskreditieren"* (19) und die Zusicherung Lindenbergs, den *Sonderzug* im Konzert nicht zu singen. Hartnäckigkeit, Verhandlungsgeschick, ein bisschen Diplomatie und Deeskalation, und dennoch: Die Frechheit siegte.

Beim 15-minütigen Auftritt dann zuerst die Ernüchterung. Statt einer tobenden Fangemeinde fanden Lindenberg und die Band 4.200 in blau gekleidete, linientreue und vorher eingehend belehrte FDJler vor. Die wahren Lindenberg-Fans mussten draußen bleiben und wurden dort den Leuten der Stasi „verarztet", die in Hundertschaften rund und den Palast der Republik im Einsatz waren. Drinnen dann der Auftritt Lindenbergs, dessen Wirkung der Stasi-Bericht so beschreibt, dass bei einem Lied mehr die zuvor belehrten Zuschauer vermutlich nicht mehr zu disziplinieren gewesen wären. (20) Noch mal gut gegangen für die Verantwortlichen und ein Triumph für Udo Lindenberg.

Musikalisch ist der Song im Übrigen eine Coverversion von Harry Warrens Swing-Klassiker *Chatanooga Choo Choo*, der vor allem in der Version von Glenn Miller weltberühmt geworden ist. Im Lied wird die Reise mit dem Zug von New York nach Chattanooga im US-Bundesstaat Tennessee besungen.

Am 3. Oktober 2003, also zwanzig Jahre nach diesen Ereignissen, feierte der Sonderzug nach Pankow sozusagen eine Wiederauferstehung. Das heißt, eigentlich gab es ihn zum ersten Male wirklich. 13 Waggons, die von Udo Lindenberg selbst künstlerisch gestaltet worden waren, fuhren aus Anlass der Feierlichkeiten zum Tag der deutschen Einheit von Berlin nach Magdeburg. Sie sollten symbolisch die auch 13 Jahre nach der Wiedervereinigung vorhandenen Mauern in den Köpfen der Menschen in Ost und West einreißen.

U2: *Sunday, Bloody Sunday*

U2s Verarbeitung des Nordirlandkonflikts und der schwierige Kampf um die Deutungshoheit

Wenn man sich mit dem Song *Sunday, Bloody Sunday* genauer beschäftigt, trifft man auf Aussagen der beteiligten Musiker, die zunächst verwunderlich erscheinen. Warum betonen die Beteiligten immer wieder, dass es in dem Song gar nicht in erster Linie um den Bloody Sunday von 1972 ginge? Warum wurde der Song bei Live-Auftritten der Band von Bono immer mit *"This is not a rebel song"* angesagt? Warum wurde auf der Bühne während des Songs eine weiße Flagge präsentiert? Für die Antworten muss man sehr weit in die wechselvolle und von Besatzung geprägte irische Geschichte zurückgehen. Ein Versuch einer kurzen Zusammenfassung.

Ein Konflikt zweier irischen Könige, von denen der unterlegene den englischen König Henry II. um Unterstützung bat, war der Beginn des englischen Einflusses in Irland. 1171 ernannte sich Henry II. zum König von Irland. In den folgenden Jahrhunderten wurden immer mehr Engländer in Irland angesiedelt, die die zentralen Stellen der Macht innehatten und die irische Bevölkerung unterdrückten. Der Bruch des englischen Königs Henry VIII. mit der katholischen Kirche und die anschließende Gründung der protestantischen Church of England legte den Grundstein dafür, dass aus dem Konflikt eine religiöse Auseinandersetzung zwischen protestantischen Engländern und katholischen Iren wurde. Zahlreiche Aufstände der Iren wurden im Laufe der Jahrhunderte niedergeschlagen.

Nach dem irischen Unabhängigkeitskrieg von 1919-1921 entstand die unabhängige Republik Irland im Süden und das bei England verbleibende Nordirland im Nordosten der Insel. Während in Irland die Mehrheit der Bevölkerung katholisch war, stellten in Nordirland die Protestanten die Mehrheit. In der Folge wurden die Katholiken in Nordirland unterdrückt, was wiederum den Grundstein für den gewaltsamen Widerstand legte, der Nordirland lange Jahre prägen sollte.

Am 30. Januar 1972 eskalierte die Situation. In der nordirischen Stadt Londonderry hatte eine Bürgerrechtsgruppe, die Northern Ireland Civil Rights Association, zu einem Protestmarsch aufgerufen. Er richtete sich gegen die Internierungsgesetze der britischen Regierung, die ermöglichten, dass Menschen ohne Verfahren längere Zeit inhaftiert werden durften. Als die katholischen Demonstranten auf die schwerbewaffnete britische Armee trafen, geriet die Situation außer Kontrolle. Mit Gas, Gummigeschossen und Wasserwerfern wurden die Demonstranten in die ärmliche katholische Gegend Bogside getrieben. Dort begannen die britischen Fallschirmjäger aus bis heute ungeklärten Umständen auf die Demonstranten zu schießen und töteten 13 von ihnen.

Die Folge dieses "Bloody Sunday" genannten Tags war schwerwiegend. Die Beteiligten schoben sich die Schuld an der Eskalation gegenseitig in die Schuhe. Die britischen Soldaten behaupteten, angegriffen worden zu sein und nur reagiert zu haben - eine Sicht, die eine offizielle Untersuchung der britischen Regierung in vollem Umfang bestätigte. Nicht nur die Ereignisse des Bloody Sunday selbst, sondern auch die unglaubliche Arroganz und Machtdarstellung dieses Freispruchs wirkten wie Brandbeschleuniger. Die dunkelste Zeit des Nordirlandkonflikts, die "Troubles", bei dem die irische Provisionelle IRA einen blutigen Untergrundkampf gegen die verhassten Besatzer lieferte, hat hier ihren Ausgangspunkt.

In diese aufgewühlte und hochnervöse Zeit fiel die Entstehung des Songs *Sunday, Bloody Sunday* im Jahr 1983. Bono selbst hatte die religiösen Spannungen als Kind einer protestantischen Mutter und eines katholischen Vaters in Dublin, wo er aufgewachsen war, am eigenen Leib erfahren. Er erkannte in ihrer Ehe schon früh, dass die Bitterkeit zwischen diesen beiden Religionsgemeinschaften im Grunde lächerlich ist.

Ein Song über den Nordirlandkonflikt lag - auch aus dieser Erfahrung heraus - für die Band, die mit dem Album *War* eh ein politisch ambitioniertes Projekt am Laufen hatte, quasi in der Luft. Entgegen anfänglicher Überlegungen beschloss man dann allerdings, keine Stellung im Konflikt zu beziehen, um kein weiteres Öl in das Feuer zu gießen. Denn es war den Musikern klar geworden, welch heißes Eisen man da anfasste und so verlegte man sich im Text auf eine reine Anti-Kriegs-Lyrik, ohne konkret zu werden.

Dennoch wurde *Sunday, Bloody Sunday* anders rezipiert, als von der Band geplant. In Irland hatte sich im Verlauf der Jahrhunderte das Genre des Rebel Songs herausgebildet, eine Gattung von Liedern, die sich mit dem Widerstand gegen die englische Vormacht befassen und die irischen Helden dieses Widerstands glorifizieren. *Sunday, Bloody Sunday* wirkte auf viele Hörer wie ein Rebel Song, was hauptsächlich an der musikalischen Gestaltung des Songs lag.

Da ist zum einen die Refrainzeile, die ja bekanntlich nur aus den drei Wörtern "Sunday, bloody Sunday" besteht, wie ein Fanal wirkt und durch die zigfache Wiederholung (insgesamt wird die Zeile im Song 20 Mal gesungen) fast schon eine rituelle Überhöhung erfährt. Zum anderen ist da der militärische Charakter der Aufnahme, für den hauptsächlich die im Stile einer Militärtrommel hart und unerbittlich gespielte Snare Drum verantwortlich ist. Auch die elektrische Violine mit ihren leicht sägenden Klängen und der perkussiven Spielweise trägt zu diesem Klangcharakter bei, genauso wie die bei U2 typischen, harten und schneidenden Gitarrensounds. Hier herrscht also eine deutliche Diskrepanz zwischen musikalischer Gestaltung und textlicher Intention. Dies führte zu der schon erwähnten irrigen Annahme, dies sei ein Rebel Song und es würden hier die Helden des Widerstands verherrlicht.

Genau dies hatten U2 nicht gewollt und so ist auch verständlich, warum Bono *Sunday, Bloody Sunday* bei Live-Auftritten stets mit den Worten "This is not a rebel song!" ankündigte. Auch die weiße Flagge sollte klar machen, dass es hier um ein höheres Ziel geht, nämlich den Frieden und die Beendigung aller religiöser oder anders motivierter Konflikte auf der Welt.

Heute, gut 35 Jahre nach Entstehung des Songs, hat sich die Lage in Nordirland weitgehend beruhigt, auch wenn die Spannungen zwischen den Bevölkerungsgruppen latent immer noch vorhanden sind. Zur Entspannung trug sicher auch der Saville Report bei, eine neue Untersuchung des Bloody Sunday, die Premierminister Tony Blair 1998 ermöglichte. Sie beleuchtete die Vorkommnisse vom Januar 1972 auf einer neutralen und unvoreingenommenen Basis. 12 Jahre lang wurden Zeugen gehört und Akten gesichtet, bis schließlich 2010 die Ergebnisse verkündet wurden. Und die Ergebnisse waren eine Sensation. Die Demonstranten wurden von jeder Schuld freigesprochen, da sie unbewaffnet gewesen wären, keine ernsthafte Gefahr für die Soldaten dargestellt hätten und keine Bomben geworfen hätten. Somit seien die Eskalation und die zivilen Opfer absolut ungerechtfertigt. Den Soldaten wurde zur Last gelegt, sie hätten gelogen und mit falschen Angaben versucht, ihr Fehlverhalten zu vertuschen. Premierminister David Cameron entschuldigte sich daraufhin im Namen der britischen Regierung und des britischen Volkes bei den Angehörigen der Opfer. Ein immens wichtiger Schritt auf dem Weg zum Frieden für Nordirland.

Billy Joel: *This Night*

Das Adagio-Thema aus Beethovens "Pathétique" im Doo-Wop-Sound auf Billy Joels Album *An Innocent Man*

Ludwig van Beethoven schrieb seine 8. Klaviersonate, die er als Opus 13 veröffentlichte, in den Jahren 1798 und 1799. Zu diesem Zeitpunkt war Beethoven knapp 30 Jahre alt und die ersten Anzeichen seiner beginnenden Taubheit machten sich schon bemerkbar. Die gedruckte Originalausgabe von 1799 trug den Beinamen "Grand Sonate Pathétique", ein Name, unter dem die Sonate heute noch bekannt ist. Die "Pathétique" steht in der Tonart c-Moll und umfasst drei Sätze. Die beiden Ecksätze stehen wie damals üblich in der gleichen Tonart, hier c-Moll, wohingegen der zweite Satz, ein langsamer, Adagio cantabile überschriebener Satz, in As-Dur steht.

Der Doo-Wop genannte Stil entstand anfangs der 1950er Jahre in den USA. Er ist vereinfacht gesagt eine Mischung aus einer instrumentalen Basis aus Rhythm'n'Blues oder Rock'n'Roll und mehrstimmigem Gesang. Die Einflüsse sind beim Gesang einerseits im Gospelgesang, andererseits aber auch im Barbershopgesang und den daraus hervorgegangenen Vokalgruppen zu suchen. Charakteristisch für den Doo-Wop-Gesang sind vokale Arrangements, bei denen die Bassstimme eine eigene Stimmführung besitzt und die Oberstimmen oft im Falsett gesungen werden. Typisch und den Namen des Genres prägend sind die aus dem Scat-Gesang kommenden lautmalerischen Silben.

Billy Joel wurde am 9. Mai 1949 als William Martin Joel im New Yorker Stadtteil Bronx geboren. Sein Vater Helmuth, der sich in den USA Howard nannte, war ein deutscher Jude und entstammte einer alteingesessenen jüdischen Kaufmannsfamilie, die vor dem Naziregime floh und die USA emigrieren konnte. Billys Mutter war eine britische Jüdin. Beide Eltern waren sehr musikalisch und Billys Vater Howard war ein sehr talentierter klassischer Pianist, der mit

Vorliebe Beethoven, Chopin und Debussy spielte. Auch der kleine Billy bekam bald Klavierstunden und lernte das klassische Repertoire kennen und lieben.

Im August 1983 veröffentlichte Billy Joel sein Album *An Innocent Man*. In diesem Album verarbeitet Joel die populären Musikstile seiner Kindheit und Jugend, unter anderem auch den Doo-Wop. Am deutlichsten tritt das im Song *The Longest Time* zutage, einem rein vokalen Arrangement. Aber auch *This Night* ist deutlich doo-wop-durchdrungen, gut zu hören zum Beispiel beim Solo-Auftakt der vokalen Bassstimme und den folgenden "shoo-wap-" und "shoop-shoo-wah"-Einwürfen des restlichen Gesangsensembles.

Das Besondere an *This Night* ist allerdings nicht das Vokalarrangement, sondern die Tatsache, dass der Refrain ein komplettes Beethoven-Zitat darstellt. Es handelt sich dabei um das Hauptthema des 2. Satzes der "Pathétique".

Dieses Thema ist sicherlich eine der schönsten Melodien, die Beethoven komponierte, und es ist ein für Beethoven auch ungewöhnliche Melodie. Sie ist in sich komplett geschlossen, kommt in der "Pathétique" also nur in dieser einen Originalgestalt vor. Sie wird also nicht variiert oder weiterentwickelt. Dafür ändert Beethoven die Lage: bei der ersten Wiederholung klingt sie eine Oktave höher. Außerdem variiert Beethoven den Begleitrhythmus: Wird das Thema im ersten Teil von Sechzehnteln begleitet, sind es bei der Wiederaufnahme des Themas am Ende des Satzes Sechzehnteltriolen. In anderen Worten: statt die Achtel in zwei Sechzehntel zu unterteilen, sind es nun drei.

Dieses Phänomen gibt es auch in der Pop- und Rockmusik. Hier ist die Einheit allerdings Viertel und die Unterteilung in entweder zwei oder drei Achtel. Man spricht dabei von binär (zwei) und ternär (drei). Ternäre Rhythmen sind typisch für die Musikstile, die afroamerikanische Wurzeln haben, also auch Rhythm'n'Blues oder Rock'n'Roll. Somit war diese triolische Version des Themas geradezu prädestiniert, in den Doo-Wop-Stil übernommen zu werden. Und es funktioniert wunderbar.

Sehr schön gestaltet ist auch der Übergang der von Joel komponierten Strophen zum Beethoven-Refrain. Strophen und Refrain stehen in unterschiedlichen Tonarten: Die Strophen in A-Dur und der Refrain in F-Dur. Von der klassischen Musiktheorie aus gesehen ist das ein mediantisches Verhältnis. Das klingt kompliziert, bedeutet aber nichts anderes, als dass beide Tonarten eine große Terz auseinander liegen (F und A). Mediantisch bedeutet aber auch, dass die Dreiklänge einen gemeinsamen Ton haben: A-Dur (a, cis, e) und F-Dur (f, a, c). Der Grundton von A-Dur entspricht also dem Terzton von F-Dur.

Und genau dieses Phänomen macht sich Joel zu nutze. Der letzte Melodieton der Strophe ist ein a, also der Grundton des A-Dur-Dreiklangs. Bliebe der Refrain nun in A-Dur, müsste Joel mit dem cis weitersingen, da das Thema Beethovens mit dem Terzton beginnt (original in As-Dur mit dem Anfangston c). Joel lässt das a aber einfach liegen und beginnt den Refrain mit diesem a, er legt nur die neue Harmonie F-Dur darunter. Durch diese melodische Verbindung ist der Übergang in die neue Tonart vollkommen logisch und natürlich.

This Night ist also nicht nur eine Hommage an den Doo-Wop-Sound der 1950er und 1960er, sondern auch an die klassische Musik und an Ludwig van Beethoven; zwei Welten, die hier auf völlig harmonische Art und Weise zueinander finden.

Bruce Springsteen: *Born In The USA*

Ein ewiges Missverständnis - würde der "Boss" doch nur
etwas weniger nuscheln, und die anderen ein bisschen
genauer hinhören...

Vor einigen Tagen lief Bruce Springsteens Erfolgshit *Born In The U.S.A.* mal wieder im Radio. Doch jeglicher Versuch zu verstehen was Springsteen außer dem gebetsmühlenhaft wiederholten Refrain sonst noch singt, blieben erfolglos. Der "Boss" nuschelt irgendwelche kaum verständliche Worte in seinen nicht vorhandenen Bart. Wahrscheinlich dürfte es 99 Prozent der deutschen Bevölkerung in puncto Textverständlichkeit ähnlich ergehen. Vielleicht könnte man der Sache mit einem Kopfhörer und einigen Wiederholungen näherkommen. Aber wer macht sich schon die Mühe.

Aber in den USA wird anscheinend oft auch nicht so genau hingehört. Anders ist es nämlich nicht zu erklären, dass Ronald Reagan bei seinem Präsidentschaftswahlkampf 1984 diesen Song zur Wahlkampfhymne machte, sicherlich in der Überzeugung, einen patriotischen Song vor sich zu haben. Welch ein Irrtum! Denn *Born In The U.S.A.* ist keine vaterlandsverherrlichende Hymne. Im Gegenteil. Darum beharrte der damals nicht um Erlaubnis gefragte Springsteen auch darauf, dass die Verwendung des Songs wieder eingestellt werden musste. Was peinlich genug war.

Dass Springsteens *Born In The U.S.A.* nicht nur ein patriotischer Song ohne Message ist, hätte sich eigentlich jeder denken können, der auch nur ein bisschen etwas über ihn weiß. Seine Herkunft aus der einfachen Arbeiterklasse lässt ihn zum Anwalt des kleinen Mannes und der Benachteiligten werden und seine Songs sind oft politisch.

So positionierte er sich zum Beispiel 2004 im damaligen Präsidentschaftswahlkampf George W. Bush gegen John Kerry sehr deutlich. Er wandte sich vor allem gegen den von George W. Bush begonnenen Irakkrieg und unterstrich diese Ablehnung mit Auftritten, bei denen er offensiv Kerry unterstützte und als einer der wenigen Showgrößen es wagte, Bush öffentlich scharf zu kritisieren.

Doch zurück ins Jahr 1984, dem Jahr der Veröffentlichung von *Born In The U.S.A.* Der Irakkrieg lag noch in ferner Zukunft und die amerikanische Gesellschaft kämpfte noch immer mit den Folgen des Vietnamkriegs, der schon rund 10 Jahre vorbei war. Dabei waren die psychisch äußerst belastenden und traumatischen Kriegserlebnisse der Vietnam-Veteranen nur das eine Problem. Viel schwerer wog die über diesen am Ende fruchtlosen und zermürbenden Krieg tief gespaltene amerikanische Gesellschaft, die es nicht schaffte, die Heimkehrer emotional aufzufangen, sondern diese mit ihren Zweifeln und ihrer Perspektivlosigkeit alleine ließ.

Um einen solchen Veteranen geht es auch in *Born In The U.S.A.*, von dem Bruce Springsteen in der Ich-Form erzählt. In einem trostlosen Provinzkaff geboren und von Geburt an symbolisch getreten verbringt er seine Jahre mit ständig eingezogenem Kopf, bis er eines Tages nach Vietnam eingezogen wird. Wieder zurück erntet er nur Unverständnis und ist auch nach zehn Jahren mit seinen Erinnerungen und der perspektivlosen Gegenwart noch alleine. (21)

Musikalisch ist der Song äußerst minimalistisch. Er besteht nur aus zwei Harmonien und benutzt für die Strophen und den Refrain die gleiche Melodie. Es ist wie ein Drehwurm, wie ein ständiges Rotieren desselben Gedankens im Kopf. Der Beginn mit den hohlen Synthesizer-Fanfaren über einer einsamen Snare-Drum, die den Backbeat markiert, zeigt die Falschheit; dies kann keine glorreiche Hymne, kein glanzvoller militärischer Auftakt sein, sondern nur die pure Desillusion, das was bleibt wenn die harte Realität Einzug hält.

Springsteens intensiver und gleichzeitig heiser-unschöner und etwas schnoddriger Gesang steht im Einklang mit den Anklagen des Liedtexts und erinnert an die Gesangsdarbietungen von Springsteens großem Vorbild Bob Dylan, von dem Springsteen schreibt, dass dieser ihm als 15-Jähriger mit seinen Songs und den Fragen, die er darin stellte, den Weg gewiesen habe. (22) Dylan hatte in vielen seiner Lieder den Regierenden die Leviten gelesen und sein wohl berühmtester Song *Blowin' In The Wind* bezieht sich wie *Born In The U.S.A.* auf den Vietnamkrieg, auch wenn dieser im Song nie als solcher erwähnt wird und der Text im Grunde nur aufrüttelnde rhetorische Fragen stellt.

Das Trauma des Vietnamkriegs wurde in vielen Liedern verarbeitet. Stellvertretend seien hier folgende Songs zur Thematik genannt: Billy Joel: *Goodnight Saigon*, Kenny Rogers: *Ruby, Don't Take Your Love To Town*, Paul Hardcastle: *Nineteen* oder Huey Lewis and the News: *Walking On A Thin Line*.

U2: *Pride (In The Name Of Love)*

Man muss den Mut von Bono und seinen Mitmusikern von U2 bewundern. Im Dezember 1987 in Tempe, Arizona, auf die Bühne zu gehen und *Pride (In The Name Of Love)* zu singen - und das, obwohl man wusste, dass irgendwo im Publikum ein Verrückter mit einer Waffe sitzen konnte.

Die Drohung war rechtzeitig vor den beiden Konzerten im Tempe eingegangen und bezog sich konkret auf den Song *Pride (In The Name Of Love)*, in dem Textzeilen vorkommen, die auf den Bürgerrechtler Dr. Martin Luther King gemünzt sind. Wenn U2, so die anonyme Drohung, den Song *Pride (In The Name Of Love)* singen, dann wird Bono auf der Bühne während des Songs erschossen. Die Behörden nahmen die Drohung sehr ernst und boten entsprechendes Sicherheitspersonal auf, konnten aber natürlich keinen wirklichen Schutz bieten, wollte jemand die Drohung tatsächlich in die Tat umsetzen.

Die Inspiration zu *Pride (In The Name Of Love)* geht auf das Jahr 1983 zurück, als die irische Rockgruppe U2 während ihrer US-Tour das Chicago Peace Museum besuchte. Dieser Besuch sollte die Gruppe stark beeindrucken. So stark, dass das folgende Album der Gruppe *The Unforgettable Fire* hieß. Das war gleichzeitig der Titel einer Sonderausstellung über Hieroshima und die Opfer, die U2 im Peace Museum sahen. Die andere Sonderausstellung beschäftigte sich mit dem Leben und Wirken Martin Luther Kings. Auf *The Unforgettable Fire* finden sich zwei Titel, die davon beeinflusst sind: *MLK* (gebildet aus den Initialen des berühmten Friedenskämpfers) und eben *Pride (In The Name Of Love)*.

Bei *Pride* bezieht sich die dritte, oben genannte Strophe auf Martin Luther King. Dieser wurde am 4. April 1968 in Memphis erschossen. Dies geschah allerdings nicht frühmorgens, wie der Liedtext nahelegt, sondern am frühen Abend. Diesen Irrtum hat Bono, der Sänger von U2 und Textautor von *Pride* inzwischen erkannt und singt darum oft statt *„early morning"* (23) *„early ev'ning"*.

"Free at last" ist ein Zitat aus Martin Luther Kings wichtigster Rede *I have a dream*, die er 1963 vor dem Lincoln Memorial in Washington D.C. hielt. Sie endete mit den Worten des Negro-Spirituals *Free at last* und beschwor damit das Ende der Rassenunterdrückung in den USA. (24)

Dass sich Martin Luther King mit seinen Aktivitäten im Süden der USA, wo Sklavenhaltung betrieben worden war und die Rassentrennung lange Zeit Gesetz war, auf Widerstand stieß und sich Feinde machte, ist nicht zuletzt durch seine Ermordung belegt. Aber auch nach seinem Tod gab und gibt es Kräfte, denen sein Andenken ein Dorn im Auge ist. Dies lässt sich auch an der Umsetzung des 1983 beschlossenen Martin Luther King Day ablesen, dessen Ratifizierung in einigen Bundesstaaten auf Jahre hinaus verhindert wurde, darunter auch in Arizona, wo der dortige Gouverneur Evan Mecham den schon beschlossenen Feiertag widerrief und es bis 1992 dauerte, ehe er auch in Arizona endlich in Kraft treten konnte.

So ist es nicht überraschend, dass die Drohung gegen U2 genau aus diesem Staat kam. U2 spielten zwei Konzerte an zwei aufeinander folgenden Tagen in Tempe und als das erste vorbei war und alle erleichtert waren, dass nichts passiert war, stellte sich heraus, dass die Drohung sich auf das zweite Konzert bezog. Und Bono gibt zu, dass er Angst hatte. (25)

Wer hätte da nicht Angst gehabt. Und viele hätten den Song im Konzert weggelassen. Das hätte aber geheißen, den Kräften nachzugeben, gegen die sich *Pride (In The Name Of Love)* richtet. Der Song ist nämlich nicht ausschließlich Martin Luther King gewidmet, sondern ganz allgemein den Menschen, die bis zum Einsatz ihres Lebens für den Frieden und die Liebe im Menschen kämpfen und dabei nie ihren Stolz verlieren, so sehr sie auch bedrängt oder ge-

146

demütigt werden. Und so war es für U2 selbstverständlich, das Konzert wie geplant durchzuziehen. Allerdings, so berichtet Bono, sang er die entsprechende Textzeile ohne Blickkontakt zum Publikum. Als er den Blick wieder nach vorne richtete, sah er, dass sich der Bassist Adam Clayton quasi als lebender Schutzschild vor ihn gestellt hatte. Eine beeindruckende und todesmutige Geste der Solidarität und Freundschaft. (26)

In den beiden Anfangsstrophen, die sich nicht um Martin Luther King drehen, ist das Stilmittel der Anapher auffallend, denn alle Verse beginnen mit *"one man"*. (27) Dies kann ganz allgemein interpretiert werden als "irgendein Mensch", der zum Beispiel sich einem System widersetzt oder sich als Gefangener im Stacheldrahtzaun verfängt. Da U2 einen christlichen Hintergrund besitzen, werden einige dieser Zeilen gern auch im Hinblick auf Jesus und den Verrat durch Judas gedeutet.

Durch den klaren, schneidenden, etwas spröden Gitarrensound, den im Refrain hohen, emotionalen Gesang und die quasi-militärischen Fills auf der Snare-Drum schaffen es U2 dem Song vor allem im Refrain einen anklagenden Charakter mitzugeben. Im Kontrast dazu sind die 2. und 3. Strophe durch einen wärmeren Gitarrensound und eine tiefere Lage von Bonos Gesang versöhnlicher gehalten.

Dire Straits: *Money For Nothing*

Die Schimpftirade eines New Yorker Elektrohändlers über die Stars auf MTV

Als im Juli 1995 der Vulkan Soufriere Hills nach rund 400 Jahren wieder ausbrach, zerstörte er große Teile eines karibischen Inselparadieses. Von den damals rund 11.000 auf der kleinen, zu Großbritannien gehörenden Insel Montserrat lebenden Bewohnern mussten in der Folge ca. 8.000 die Insel verlassen. Der südliche Teil der Insel und die Hauptstadt Plymouth wurden völlig zerstört.

Montserrat galt bis dahin als Geheimtipp unter den westindischen Inseln. Allerdings wurden nicht nur Touristen von der Schönheit und Ruhe der Insel angezogen, auch Musiker wussten die spezielle Atmosphäre der Insel zu schätzen. Der erste, der das erkannte, war der Produzent der Beatles, George Martin, der 1979 die Air Studios auf der Insel gründete. Sie entwickelten sich schnell zu dem Ort, wo die Größen der Rock- und Popmusik ihre Alben aufnahmen. Paul McCartney, Stevie Wonder, the Police, Sting, the Rolling Stones, Elton John, Ultravox, Eric Clapton sind nur einige Namen aus der langen Liste.

Auch die Dire Straits unter ihrem kreativen Kopf, Leadgitarristen und Leadsänger Mark Knopfler wählten 1985 die Air Studios für die Aufnahme ihres wohl besten Albums *Brothers In Arms* aus. Dort traf man während der Aufnahmesessions Sting, der sich zufällig auch auf Montserrat befand, und man beschloss spontan, dass Sting sich an den Aufnahmen zum Song *Money For Nothing* beteiligen solle.

Man hört Sting am Anfang und Schluss des Songs mit der kurzen, einige Male wiederholten Phrase, die melodisch ein Zitat aus einem alten Sting-Song ist, aus *Don't Stand So Close To Me*, den Sting noch mit seiner Band The Police aufgenommen hatte. Sting singt auch die Überstimme zum Refrain Mark Knopflers.

Diese Textzeile, die den Song eröffnet, ist ein Grund dafür, dass das

Stück beim Musiksender MTV eine Art Kultstatus erhalten hat. Der andere Grund ist das innovative Musikvideo, das eines der ersten war, das Computer-animierte Figuren einsetzte und - allerdings gegen die Überzeugung Knopflers - speziell für den Einsatz im Musikfernsehen konzipiert und produziert wurde. So war *Money For Nothing* der erste ausgestrahlte Song bei der Eröffnung der europäischen MTV-Dependance im Jahr 1987.

Bei aller Begeisterung darüber wird gerne übersehen, dass der Liedtext das Musikbusiness und die Vermarktung von Popstars über MTV und ähnliche Kanäle völlig negativ beurteilt. Gesungen wird der Song aus der Perspektive eines Elektrohändlers, der sich darüber beklagt, dass die von MTV hochgespülten Stars Witzfiguren seien, die ihr Geld durch Nichtstun verdienen, während Leute wie er hart für ihr Geld arbeiten müssen.

Mark Knopfler kam die Idee zu dem Song, als er in New York in einem Elektroladen stand, und einen Verkäufer beobachtete, der sich über die im Hintergrund auf den vielen Fernsehern laufenden Musikvideos ausließ. Er benutzte dabei Sätze, die von Knopfler gleich aufgeschrieben wurden, und sich wörtlich im Lied wiederfinden. Knopfler betont, dass er ganz bewusst die deutliche und auch vulgäre Sprache des Verkäufers benutzen wollte, um dem Song Authentizität zu verleihen. So ließ Knopfler zwar das auch vom Verkäufer benutzte Wort „motherfucker" weg und integrierte „nur" den „faggot" – eine abfällige Bezeichnung für einen Schwulen – doch genau dadurch gibt es bis heute Ärger.

Denn der Begriff "faggot" ruft die Sittenwächter immer wieder auf den Plan, im Jahr 2002 die GLAAD, die Gay & Lesbian Alliance Against Defamation (Allianz der Schwulen und Lesben gegen Diffamierung). Sie verlangte von einer Radiostation in Atlanta im November 2002, nur noch eine zensierte Version ohne das Wort "faggot" zu spielen. Sie drohte mit rechtlichen Schritten, worauf die Radiostation den Titel aus dem Programm nahm.

Im Jahr 2011 gab es in Kanada eine Beschwerde über *Money For Nothing* beim Canadian Broadcast Standards Council (CBSC), dem „Wachhund des kanadischen Radios" („Canadian radio watchdog"), wie dieses Gremium vom Guardian genannt wird. (28) Die Beschwerde führte dazu, dass die CBSC urteilte, der Liedtext sei nicht akzeptabel und verletze den Moralkodex des kanadischen Rundfunkvereinigung. Dadurch mussten die Radiostationen *Money For Nothing* in ganz Kanada aus dem Programm nehmen.

Widerstand kam von drei Radiostationen, die sich weigerten, den Beschluss umzusetzen und *Money For Nothing* aus Protest eine Stunde am Stück spielten. Kritik kam auch vom Keyboarder der Dire Straits, Guy Fletcher, der aus seiner Homepage deutliche Worte fand. Sein Hauptargument: diese Art von Sprache gibt es wirklich im täglichen Leben und warum solle es verboten sein, diese künstlerisch abzubilden. Außerdem reflektiere dieses Verbot nicht den Kontext, in dem der Begriff „faggot" hier gebraucht werde. (29)

Das ist sicherlich richtig, fragt sich nur, wer von den durchschnittlichen Hörern diesen Kontext eigentlich kennt und weiß, dass hier ein *„numbskull worker in a hardware department"* (30) spricht.

Trotz allem kann man sich nicht des Eindrucks erwehren, dass hier weit über das Ziel hinausgeschossen wird. Mag die Arbeit solcher Organisationen wie der GLAAD auch noch so sinnvoll und wichtig für die schwul-lesbische Gemeinde sein, so ist es doch wohl so, dass in der Melange aus übertriebener Political Correctness und Aufgeregtheit der klare Kopf bisweilen verloren geht und es dann am Ende keine Rolle mehr zu spielen scheint, ob Begriffe in einem homophoben Kontext stehen oder nicht. Einfach mit der Sense durchzufahren hilft beiden Seiten nicht wirklich weiter.

George Martin's Air Studios erlebten im Übrigen den Vulkanausbruch von 1995 nicht mehr. Sie wurden schon 1989 nach dem Hurrikan Hugo aufgegeben und anschließend wieder in London eröffnet.

Falco: *Rock Me Amadeus*

Das Genie im neuen Outfit - wie sich das Mozart-Bild in den Achtzigern änderte

Im Jahr 1985 veröffentlichte der Österreicher Johann Hölzel, besser bekannt unter seinem Künstlernamen Falco, seinen wahrscheinlich größten Hit: *Rock Me Amadeus*. Der Song traf der Nerv der Zeit und nutzte die Aktualität des Themas Mozart nach dem 1984 von Milos Forman gedrehten Kinofilm *Amadeus* aus. Er übernahm die Idee des im Film präsentierten, völlig radikal veränderten Mozart-Bilds und führte dies noch einen entscheidenden Schritt weiter. Doch was war nun das Besondere an der neuen Mozart-Darstellung?

Dazu ein Blick in die Geschichte. Zu Mozarts Lebzeiten wäre noch niemand auf die Idee gekommen, Mozarts Leben zu porträtieren. Einer der ersten, die dies taten, war der dänische Diplomat Georg Nikolaus Nissen, den Constanze Mozart gut zwanzig Jahre nach Mozarts Tod 1809 geheiratet hatte. Durch die Mitwirkung von Mozarts Witwe sollte man also davon ausgehen können, dass diese Biographie sehr korrekt und vollständig gewesen sein muss. Trotzdem: schon hier wurde an einem Bild von Mozart gestrickt, das nicht immer der Realität entsprach. Constanze Mozart hatte nicht die Absicht, ein möglichst vielseitiges Bild ihres Mannes darzustellen, sondern rückte ihn in ein möglichst positives Licht. Dazu vernichtete sie wohl auch viele Dokumente, die ihr nicht in den Kram passten.

In der Romantik im 19. Jahrhundert füllten die immer zahlreicher werdenden Mozart-Biographen die Lücken im Lebenslauf mit Details und Anekdoten mit oft zweifelhafter Urheberschaft auf. In diesem Gemisch aus historisch verbürgten Fakten und Klatsch wurde Mozart zunehmend idealisiert. Hier entstand das lange vorherrschende Mozart-Bild vom armen, unverstandenen Genie, das viel zu gut für diese Erde war. Dies entsprach durchaus der Epoche, in der keine wissenschaftliche Aufarbeitung, sondern eine eher unkritische, eher emotional geprägte Lebensdarstellung gefragt war. In diese Zeit passen auch die bildlichen Darstellungen Mozarts wie das Mozart-Denkmal in Wien, die nichts mit dem wirklichen Erscheinungsbild Mozarts zu tun haben.

Etwas von diesem Erbe hielt sich bis in die Achtziger Jahre des 20. Jahrhunderts. Die Zeitgleichheit zwischen Mozart-Biographien wie dem bahnbrechenden Buch von Volker Braunbehrens *Mozart in Wien*, das Mozart in einem völlig neuen Licht betrachtete, und dem Erscheinen des Films *Amadeus* in den Kinos war wohl eher zufällig. Vor allem die Heftigkeit, mit der das Denkmal Mozart im Kino vom Sockel gestoßen wurde, sorgte für einen Aufschrei der Empörung in Teilen der Musikwelt. Das, was da laut gackernd und obszönen Unsinn redend über die Leinwand lief, das konnte, nein das durfte einfach nicht Mozart sein! Der Unterschied zwischen der göttlichen Musik und dem Kindskopf, als den Tom Hulce Mozart darstellte, war einfach zu groß.

Dabei war das nicht frei erfunden. Man lese nur die berühmten Bäsle-Briefe, die Mozart in jungen Jahren an seine Kusine in Augsburg schrieb, und die vor der damals durchaus üblichen Fäkalsprache, vor Obszönitäten und sonstigem Nonsens nur so strotzten. Auch war Mozart durchaus ein Lebemann, der sich gerne amüsierte, seiner Spielleidenschaft frönte, und dem Luxus gegenüber nicht abgeneigt war. Das war sicherlich auch sein Problem. Er konnte nicht mit Geld umgehen, und gab seine oft sehr hohen Einnahmen auch gleich mit vollen Händen wieder aus.

Man nahm es im Film, der als einer der Vorreiter der „modernen" Biopics gelten kann, bei denen Fakt und Fiktion munter durcheinandergemischt werden, mit der historischen Genauigkeit nicht ganz so ernst, was völlig zurecht in der seriösen Musikwissenschaft stark kritisiert wurde. Dazu zählt vor allem die Rahmengeschichte selbst. Antonio Salieri, zu Mozarts Zeiten Hofkapellmeister in Wien, hat ihn definitiv nicht ermordet. Dieses Gerücht, das schon zu Lebzeiten Salieris aufgekommen war, wurde von ihm noch selbst dementiert - allerdings ohne Nutzen.

Stellte der Film schon Mozart als fehlbaren und albernen Menschen und nicht mehr als gottgleichen Musiker dar, so gingen Falco und seine Produzenten Bolland & Bolland noch einen Schritt weiter. In Falcos Song wurde Mozart mit markigen Worten und in mit englischen Ausdrücken versetztem Neudeutsch direkt in die Achtziger transferiert und dabei als Rockstar gefeiert. Man hievte ihn also nicht nur vom Sockel, er bekam im gleichen Atemzug noch das Image eines Rockrebellen übergestülpt, der schon damals anscheinend das alte Rocker-Motto *„Live fast, die young"* verinnerlicht hatte. Hier wird nicht nur jedwede historische Distanz pulverisiert, Mozart ist nun als Punker direkt in unser Leben gesprungen. Ein Rezept, das polarisiert und auch Erfolg garantiert.

Dabei wird im Liedtext (31) - wie im Film - um des Effekts willens die historische Wahrheit etwas frei interpretiert. Mozarts Schulden entstanden nicht wie im Liedtext angedeutet durch Alkohol oder Frauengeschichten. Auch mit Banken hatte Mozart nichts zu tun. Geld lieh sich Mozart nur bei Bekannten wie Johann Puchberg. Mozart zog auch nicht um 1780 nach Wien, sondern erst 1781, wo er bis zu seinem Tod 1791 blieb.

Irgendwie passt es denn auch in diesem Mix aus Halbwahrheiten und Wahrheit, dass Mozart gar nicht Amadeus hieß. Sein vollständiger Taufname war Joannes Chrysostomus Wolfgangus Theophilus Mozart. Dabei ist Theophil die griechische Variante von Gottlieb, im lateinischen Amadeus. Theophil war nach Wolfgang Mozarts zweiter Rufname, den er allerdings selber als Amadé verwendete. Die von Mozart selbst nicht verwendete Kombination Wolfgang Amadeus kam erst nach seinem Tod auf und setzte sich dann durch.

France Gall: *Ella, elle l'a*

Sie hat es, das gewisse Etwas: Ella Fitzgerald, eine der begabtesten und berühmtesten Jazzsängerinnen aller Zeiten.

Als die Jazzpianistin Mary Lou Williams um das Jahr 1935 herum durch New Yorks Stadtteil Harlem schlendert, landet sie im damals angesagtesten Swing-Tanzlokal in New York, dem Savoy Ballroom, und tanzt einige Runden. Plötzlich hört sie die Stimme einer Sängerin und rast zur Bühne, um herauszufinden, wem diese wohl gehöre. Sie gehört Ella Fitzgerald, einem adrett aussehenden Mädchen, das bescheiden dasteht und einfach großartig singt. (32) Ella singt damals in der Big Band des Schlagzeugers Chick Webb und ist erst 17 Jahre alt. Chick Webb hat sie zwar nicht selbst entdeckt, war aber nach einigen vergeblichen Anlaufstationen als erster bereit, der jungen Sängerin ein Podium zu geben.

Ihren allerersten und gleich legendären Auftritt hat Ella Fitzgerald im Apollo-Theater in Harlem, und zwar ein Jahr zuvor, im Jahre 1934, bei den "Wednesday Amateur Shows". Bei diesen Talentwettbewerben konnte sich jeder beteiligen, vorausgesetzt er oder sie hatte die Nerven, sich dem fachkundigen, in seiner Kritik aber gnadenlosen Publikum zu stellen. Wer die Gunst der um die 1.700 Zuschauer erringen konnte, hatte aber auch gute Chancen, es im Showbusiness weit zu bringen. Als Ella im Januar 1934 auf die Bühne kommt, hat sie eigentlich eine Tanznummer im Gepäck, kann diese aber nicht vorführen, da ihr angesichts des Publikums fast die Füße wegknicken. In der Not entschließt sie sich zu singen, den damals aktuellen Schlager "Judy" - und das Publikum ist begeistert.

Schon damals spüren die Zuhörer im Apollo instinktiv, dass diese junge, schüchterne und zierliche Frau auf der Bühne über etwas Besonderes verfügt, eine Ausstrahlung, mit der sie ihre Umgebung in ihren Bann ziehen kann. Etwas in der Stimme, das aufhorchen lässt und einen fesselt. France Gall drückte das in ihrem Song *Ella, elle l'a* so aus: Ella - sie hat's; das gewisse Etwas, das die anderen nicht haben.

Weiß man nicht, von wem dieser Song handelt, dann gibt es im Liedtext recht wenig gezielte Informationen, um das Rätsel zu lösen. Michel Berger, France Galls inzwischen verstorbener Ehemann, der Text und Musik geschrieben hat, belässt es bei vagen Andeutungen. Er erwähnt weder Ella Fitzgeralds Nachnamen, noch gibt es explizit Hinweise auf die Musik. Er spricht zwar von der Stimme, doch muss dies noch lang keine Gesangsstimme sein. Auch der Hinweis auf die Geschichte des schwarzen Volks und seine Leiden bleibt sehr im Ungewissen.

Berger versucht eine Annäherung an das Phänomen Ella, indem er mehr auf ihr Talent, auf ihre spezielle Begabung eingeht. Auf das, was ihre Musik im Zuhörer auslöst. Ein gewisses Etwas, das möglicherweise in uns allen schlummert, das wir vielleicht noch nicht entdeckt haben, aber was unbedingt nötig ist, um andere emotional zu berühren.

Insofern ist es auch konsequent, dass Berger in musikalischer Hinsicht keinen Bezug zu Ellas Stil sucht und somit auch jazzige Anklänge vermeidet. So ist *Ella, elle l'a* ein Song im besten Eighties-Sound, der auch nach 25 Jahren noch nicht alt klingt. Bemerkenswert ist noch, wie der Einsatz der Bläser am Schluss des Songs vorbereitet wird. Dem Bläser-Einsatz wird ein Formteil vorangestellt, der klanglich sehr reduziert ist. Dieser Teil wird mehrmals wiederholt und dreht sich nun quasi mehrmals im Kreis, indem sich der letzte Akkord harmonisch nie auflöst. Dabei wird unmerklich Spannung aufbaut. Erst nach der letzten Wiederholung löst sich die Harmonik in den Zielakkord e-Moll auf und erzielt damit mit der Entladung der Spannung und dem damit verbundenen Forte-Einsatz aller Instrumente und den neu hinzukommenden Bläsern den gewünschten Effekt.

Sting: *An Englishman In New York*

Stings emotionale Hommage an den Wahl-New-Yorker Quentin Crisp

Es ist schon sehr erstaunlich, dass solch ein großer Musiker wie Sting für einen Moment seinen sicheren Instinkt dafür verlieren kann, was musikalisch gut und angemessen ist. 2010 veröffentlichte Sting sein Album *Symphonicities*, auf dem er zwölf seiner Klassiker, sowohl aus seiner Police-Zeit, als auch seiner Solokarriere, in neuen Aufnahmen mit großem Sinfonieorchester präsentierte. Auch der *Englishman In New York* befand sich unter den Neueinspielungen.

An einen so vielseitigen, talentierten und intelligenten Musiker wie Sting hat man nun schon den Anspruch, dass diese Neuaufnahmen nicht nur dasselbe in grün sind, sondern dass die originalen Arrangements kräftig aufgemischt werden und dem ausgezeichneten Songmaterial neue Facetten abgewonnen werden (auch wenn Sting die Orchesterarrangements nicht selbst schreibt). Da darf ein Song schon einmal komplett anders klingen, vielleicht auch zuerst einmal etwas verblüffen, bevor man sich an die Neuinterpretation gewöhnt hat. Viele Titel auf *Symphonicities* werden diesem Anspruch auch völlig gerecht.

Aber dann das. Man startet den *Englishman In New York* und traut seinen Ohren nicht. Statt des originalen Sopransaxophons hört man eine Klarinette, die gleich zu Beginn die gleichen Melodiephrasen wie auf der Originalaufnahme spielt und auch im weiteren Verlauf das Sopransaxophon oft imitiert. Ohne dem vortrefflichen Klarinettisten Aaron Heick zu nahe treten zu wollen, der seine Sache natürlich sehr gut macht, fragt man sich tatsächlich, was Sting und sein Team damit bezwecken wollen. Aber auch der Rest des Arrangements ist enttäuschend, denn man kann die Neuaufnahme (mit Ausnahme der Coda) kaum vom Original unterscheiden, so identisch sind die beiden.

Um das Problem mit der Klarinette zu verstehen, muss man in das Jahr 1985 zurückblicken, als Sting seine Solokarriere startete. Sting hatte nach der Auflösung seiner Band The Police begonnen, neue Musiker zu suchen und fand sie in einigen namhaften Jazzmusikern aus der New Yorker Szene, darunter Kenny Kirkland an den Tasten, Omar Hakim an den Drums und Brandford Marsalis am Saxophon. Das erste Album mit dieser famosen Besetzung war *The Dream Of The Blue Turtles*. 1987 kam dann das Folgealbum *Nothing Like The Sun* heraus, auf dem auch *An Englishman In New York* zu finden war. Dort trommelte Manu Katché für Omar Hakim und neben einigen illustren Gast-Gitarristen begleitete der für seine fantastischen Arrangements und seine Kollaboration mit Miles Davis bekannte Gil Evans den alten Jimi Hendrix-Klassiker *Little Wing* mit seinem Orchester.

Stings neue Band aus lauter Jazzmusikern spielte nun allerdings keinen Jazz im engeren Sinne, sondern die Musiker veredelten Stings Popsongs in bisher so noch nicht gehörter Art und Weise mit jazzigem Feel, musikalischer Raffinesse, purer Spielfreude und mit hohem künstlerischen Niveau. Mit zu den Höhepunkten gehört die Art und Weise, wie Brandford Marsalis mit seinem Sopransaxophon den *Englishman In New York* zu einem Erlebnis werden lässt.

Doch wer war eigentlich dieser Englishman in New York? Sting schrieb in den Liner Notes zu *Nothing Like The Sun* etwas kryptisch von einem Freund, der in den frühen Siebzigern von London nach New York gezogen sei, und zwar in einem Alter, in dem man normalerweise sesshaft wird. Dabei handelte es sich um Quentin Crisp.

Als Quentin Crisp 1980 nach New York zog, war er 72 Jahre alt. Er empfand dies laut eigener Aussage als eine Befreiung, auch wenn das New York der Achtziger vielleicht noch nicht ganz so liberal war wie heute. Liberaler als England war es allemal, und das war wichtig für Quentin Crisp. Denn Quentin Crisp sah man seine Homosexualität auch dank seines intensiven Make-ups schon von weitem an.

Man nannte ihn schwulen Dandy, schrägen Paradiesvogel, englischen Exzentriker, und vermutlich war er das auch alles. Auf jeden Fall war er einer der ersten, die in England ihre Homosexualität offen lebten, und das zu einer Zeit, als man sich damit selbst aus der Gesellschaft hinauskatapultierte, für Arbeit unvermittelbar wurde, und sogar des Öfteren auf offener Straße zusammengeschlagen wurde.

Quentin Crisp trug das alles mit Würde und ließ sich nicht beirren. 1968 brachte ihm seine Autobiographie *The Naked Civil Servant* ersten Ruhm ein, der sich durch die Verfilmung 1975 mit John Hurt noch steigern sollte. Er wurde so langsam zu einer Art Kultfigur der schwulen Szene und ein Vorreiter der Homosexuellenbewegung.

Dadurch in die entsprechenden prominenten Kreise gekommen, lernte er auch Künstler wie Sting kennen, den er bald zu seinem Freundeskreis zählen konnte. Als Sting 1987 für die Aufnahmen zu *Nothing Like The Sun* mehrere Monate in New York war, traf er sich öfter mit Crisp. Sting war offensichtlich fasziniert von dessen Lebensgeschichte, von seinen Lebenseinstellungen und von seiner Unbeugsamkeit bei gleichzeitiger Lebenslust. Der Song *An Englishman In New York* ist Ausdruck dieser Freundschaft und gleichzeitig eine Hommage an Crisp und alle anderen, die sich im Leben nicht unterkriegen lassen und ihren Weg unbeirrt und würdevoll gehen.

Doch zurück zum Sopransaxophon, das man in *An Englishman In New York* durchaus als musikalisches Abbild Quentin Crisps interpretieren kann. Schon alleine die Wahl des Sopransaxophons mit seinem höchst individuellen und charakteristischen Klang ist ein Symbol für Crisps Individualität. Wie nun Marsalis mit diesem Instrument den Gesang Stings umspielt, kommentiert, wie er auf verschiedenste Art und Weise die Gesangspausen musikalisch-poetisch füllt, um dann nach der Bridge des Songs in eine befreiende Jazz-Improvisation zu münden, ist wie wenn er aus Crisps Leben erzählen würde – mit allen Facetten, die dieses Leben bot. Marsalis' Spiel macht aus einem sehr guten einen einzigartigen Popsong. Es ist darum nicht kopier- oder reproduzierbar. Genauso wenig wie das Sopransaxophon als Ausdruck von Crisps Persönlichkeit durch eine Klarinette ersetzt werden kann. Egal wie gut der Klarinettist das macht.

Sting und Brandon Marsalis haben Quentin Crisp mit dem *Englishman In New York* ein zeitloses klingendes Denkmal errichtet, das man nicht einfach in einer anderen Farbe anstreichen kann. Die logische Konsequenz wäre gewesen, diese Originalaufnahme mit ihrer eigenen Magie einfach für sich stehen zu lassen.

Quentin Crisp starb 1999 in der Nähe von Manchester. Der *Englishman* lebt weiter.

1987

Suzanne Vega: *Tom's Diner*

18. November 1981: Suzanne Vega frühstückt in Tom's Restaurant in New York und hält ihre Eindrücke schriftlich
fest.

A-Cappella-Chorgesang, der Chorgesang ohne Begleitung von In-
strumenten, hat eine lange Tradition bis weit zurück in die Zeit der
Renaissance. Über die amerikanischen Barbershop Quartets hat
diese Form der Vokalmusik Eingang auch in die heutige populäre
Musik gefunden. Im Jazz hat der A-Cappella-Chorgesang eine feste
Basis, aber auch in der Popmusik haben vereinzelt A-Cappella-
Formationen Erfolg gehabt. Die Flying Pickets, die mit *Only You*
bekannt wurden, sind eine davon.

Viel seltener als der unbegleitete Chorgesang ist in der Popmusik
aber der A-Cappella-Sologesang. Denn hier ist der Sänger oder die
Sängerin völlig auf sich selbst gestellt und muss bei der Gestaltung
des Songs auf wichtige Komponenten wie die harmonische und
rhythmische Begleitung verzichten. So schaffen es nur wenige wie
die charismatische Sängerin Janis Joplin, einen A-Cappella-Song so
ausdrucksvoll zu gestalten, dass er auch für sich alleine trägt. Janis
Joplins Song *Mercedes Benz* ist wohl das bekannteste Beispiel für
einen gelungenen und ausdrucksstarken A-Cappella-Song.

Auch Suzanne Vega hat mit *Tom's Diner* einen unbegleiteten Song
in ihrem Programm. Anders als das leidenschaftliche, vom Blues
inspirierte *Mercedes Benz* handelt es sich bei *Tom's Diner* aber eher
um ein etwas lapidares, wenngleich doch reizvolles Liedchen. Das
Ganze klingt wie eine vor sich hingesungene Improvisation, sowohl
textlich als auch musikalisch. Suzanne Vega singt fast beiläufig, wie
wenn man sie nur zufällig beim Vorsichhinsingen aufgenommen
hätte. Das verleiht *Tom's Diner* einen ganz eigenen Charme. Dazu
passt die einfache, hauptsächlich im Quintraum kreisende Melodie
und der Liedtext, der von alltäglich-banalen Beobachtungen beim
Frühstück und Zeitunglesen in Tom's Restaurant in New York, Ecke

Broadway und West 112th Street berichtet.

Suzanne Vega saß wirklich in Tom's Diner, also Tom's Restaurant, und zwar im Herbst 1981. Den Beschluss, ihre Beobachtungen aufzuschreiben, fasste sie relativ spontan. Sie erinnerte sich dabei an einen Kommentar eines Freundes, eines Fotografen, der meinte, er fühle sich oft als würde er die Welt durch eine Glasscheibe betrachten und wäre dabei in die Geschehnisse nie wirklich involviert (33). So beschloss Vega, ihre Beobachtungen durch die „Brille" ihres Freundes zu sehen. Der Liedtext schildert die Geschehnisse also aus männlicher Perspektive.

Sie erzählt im Liedtext unter anderem, dass sie aus der Zeitung erfährt, dass ein Schauspieler, dessen Name ihr nichts sagt, betrunken zu Tode gekommen ist. Bei diesem Schauspieler handelte es sich um William Holden, der in seiner Wohnung in Santa Monica in Kalifornien an den Folgen einer Verletzung gestorben war, die er sich bei einem Sturz mit dem Kopf an die Tischkante zugezogen hatte. Man hatte ihn am 16. November 1981 gefunden. Von seinem Tod berichteten die Zeitungen am 18. November 1981. (34) Zum Zeitpunkt dieser Ereignisse war Suzanne Vega mit 22 Jahren noch sehr jung, was sicher auch erklärt, warum sie William Holden nicht kannte, der den Zenit seiner Karriere damals schon überschritten hatte.

Suzanne Vegas Aufzeichnungen aus Tom's Restaurant blieben erst einmal unbenutzt, denn erst drei Jahre später wurde *Tom's Diner* als Beilage des Fast Folk Musical Magazines veröffentlicht. Auf Vegas erster 1985 erschienener Platte mit dem Titel *Suzanne Vega* war *Tom's Diner* nicht zu finden. 1987 schließlich veröffentlichte sie den Song auf dem zweiten Studioalbum *Solitude Standing*.

So richtig bekannt wurde *Tom's Diner* allerdings erst, als DNA mit einem Remix auf den Plan traten. Das war 1990, also drei Jahre nach dem Erscheinen des Songs. Zwei auch heute noch anonyme englische DJs, die sich DNA nannten, legten unter Suzanne Vegas Singstimme kurzerhand einen aktuellen Dancebeat und verteilten den

Remix auf lokaler Basis.

Durch den Einsatz in Diskotheken wurde der Remix bald überregional bekannt und erregte somit auch die Aufmerksamkeit von Vegas Plattenfirma A&M. Allerdings hatten DNA weder bei Vega, ihrem Verleger, noch bei ihrer Plattenfirma um Erlaubnis gebeten. Die Plattenfirma strengte nun aber erstaunlicherweise nicht etwa ein Verfahren gegen die DJs wegen Urheberrechtsverletzung an, sondern sah die kommerziellen Möglichkeiten dieses Remixes und brachte das Werk selbst heraus. Eine weise Entscheidung.

Um den A-Cappella-Song in einen Dance-Mix zu verwandeln, mussten einige Umstellungen und Anpassungen vorgenommen werden.

Im Original werden die Strophen direkt hintereinander gesungen, nur jeweils getrennt durch eine kurze Pause. Erst ganz am Schluss singt Suzanne Vega das hier aus dem Song hinausleitende "doo doo doo doo" (35). Bei der Dance-Version dagegen wird dieses Outro zur Hookline umfunktioniert und sowohl als Intro wie auch refrainartig zwischen den Strophen eingebaut.

Suzanne Vega singt die 5. Strophe vom Tempo her gesehen recht frei. Auffallend ist die Tempoverzögerung kurz vor dem Ende, die nur sehr mühsam mit dem Dance-Beat vereint werden konnte, was bei einem Vergleich der beiden Versionen auch sofort und deutlich zu hören ist.

Die Cover-Version von Tom's Diner orientiert sich also wieder an den üblichen Popmusik-Konventionen: eingängiger Refrain, konstant durchlaufender Beat und Fade-out-Schluss kurz vor der Dreieinhalbminutengrenze. Da tut dann doch das Original gut, das diese Konventionen bewusst durchbricht.

Simple Minds: *Belfast Child*

Wenn die Kinder nicht mehr singen - die Simple Minds
über den Religionskonflikt in Nordirland

Die Vorstellung fällt schwer, wie es wohl in den 1970ern und 1980ern während der schlimmen Phase des Nordirlandkonflikts in Belfast gewesen sein mag. Fährt man heutzutage durch Belfast, fällt die Vergangenheit der Stadt gar nicht auf. Das Leben pulsiert in der Innenstadt wie in den anderen Städten Irlands auch. Nur in den Vororten ist das Erbe noch deutlich sichtbar, vor allem an den allgegenwärtigen "Murals", den Wandzeichnungen, die die religiöse und politische Ausrichtung der jeweiligen Gegend demonstrieren.

Und in manchen dieser Vororte, dort wo die Wohnviertel der beiden Religionsgruppen, der Katholiken und der Protestanten, direkt aneinandergrenzen, sind auch heute noch die unterschwelligen und manchmal auch noch kurz aufflackernden alten Ressentiments und der alte Hass zu bemerken. Trotz allem, wie gesagt, kein Vergleich zum Belfast von damals, der Zeit des Terrors und der Bomben und der offenen Gewalt, die heute im englischen Sprachraum "the Troubles", die Unruhen, genannt wird.

Belfast Child ist einer der vielen Songs, die vom Nordirlandkonflikt handeln. Anders als zum Beispiel *Sunday, Bloody Sunday* von U2 bezieht sich *Belfast Child* nicht auf ein besonderes Ereignis. Es ist mehr eine atmosphärische Beschreibung des Zustands der Stadt. Das *Belfast Child* ist hier als Metapher zu verstehen für die Kinder der Stadt, und damit verbunden die kindliche Unschuld, die unter dem Bürgerkrieg am meisten leidet. Dass diese Kinderstimmen ruhig sind und nicht mehr singen, nicht mehr lärmen, macht Belfast zu einem Ort der gespenstischen Stille; ein Ort. der nicht mehr lebt, und an dem man nicht mehr leben möchte. Der Schluss macht dann doch noch Hoffnung, wenn eine Zukunft der Stadt vorstellbar scheint und man wieder nach Belfast zurückkommen möchte, wenn die Kinder eines Tages wieder singen, oder in anderen Worten, wenn der unsägliche Konflikt beendet sein wird.

Die Simple Minds werden für diesen Song aber auch oft kritisiert. Er würde allzu pathetisch und emotional daherkommen, der Liedtext sei dabei nicht tiefgründig, sondern klischeehaft, und außerdem wüssten die Simple Minds als schottische Band nichts davon, was in Belfast wirklich vorgehe.

Dabei tut man der Band sicherlich Unrecht, denn es war ihnen damals ein echtes Anliegen, der Betroffenheit über diesen mitten in Europa tobenden Konflikt Ausdruck zu geben. Außerdem lässt man dabei außer Acht, dass *Belfast Child* in das Album *Street Fighting Years* eingebettet war, das sich mit aktuellen Konflikten und Menschenrechtsverletzungen auseinandersetzte. Der Titelsong *Street Fighting Years* ist dem vom Regime ermordeten chilenischen Sänger Victor Jara gewidmet, und sowohl *Mandela Day* wie das Cover von Peter Gabriels *Biko* beschäftigen sich mit dem Apardheitsregime Südafrikas.

Hinzu kommt, dass Jim Kerr, der Leadsänger der Simple Minds, familiäre Verbindungen nach Nordirland hat, da die Familie seines Vaters kommt ursprünglich von dort kommt. Schließlich haben sich die Simple Minds musikalisch auch noch um Authentizität bemüht, indem sie als Melodie ein bekanntes irisches Volkslied mit dem Titel *She Moved Through The Fair* verwendet haben. Diese Melodie soll angeblich ihre Ursprünge im Mittelalter haben. Sie hat einen sehr ruhigen, getragenen und etwas melancholischen Charakter, was auch die entsprechende Stimmung im *Belfast Child* erklärt.

Irische Anklänge finden sich aber auch in der Verwendung der für die irische Volksmusik so typischen Flöte in den Zwischenspielen und dem vom irischen Schlaginstrument Bodhran gespielten Trommelrhythmus, der dem langen Instrumentalteil in der Mitte zu Grunde liegt. Dieser Rhythmus besitzt gleichzeitig noch einen drohenden, fast militärischen Charakter, wodurch sich der Kreis zur politischen Thematik wieder schließt.

Alannah Myles: *Black Velvet*

Der Mythos Elvis lebt auch in diesem Song. Eine musikalische Pilgerfahrt nach Memphis.

Elvis. Ja, es geht um Elvis. Elvis, der uns nicht loslässt und der, wie wir alle ahnen, noch mitten unter uns ist. Der die Menschen zu solchen Songs inspiriert wie das schwül-heiße *Black Velvet* mit dem lasziven Gesang von Alannah Myles und dem darunter liegenden geilen, erdig-treibenden Blues-Rock-Groove (sorry, aber das musste mal gesagt werden).

Als *Black Velvet* 1989 veröffentlicht wurde, waren erst 12 Jahre seit Elvis' Tod vergangen. Zwei Jahre zuvor, zu seinem 10. Todestag, war Christopher Ward, der Autor des Songs und damals Lebensgefährte von Alannah Myles, zusammen mit einer Busladung voller Elvis-Fans nach Memphis gepilgert, um eine filmische Dokumentation über Elvis für eine Fernsehstation zu produzieren. Die Eindrücke, die Ward bei dieser Fahrt und der Nachtwache an Elvis' Grab sammelte, waren so intensiv, dass sie ihn zu *Black Velvet* inspirierten. Bei seiner Rückkehr hatte er den Song in großen Teilen schon beendet.

Ward erwähnt Elvis im Song kein einziges Mal namentlich. Auch der Titel des Songs weist auf den ersten Blick keinen Bezug zu Elvis auf. Die Frage, was genau, also *"black velvet"* (schwarzer Samt) im Zusammenhang mit Elvis bedeuten soll, lässt Spielraum für Interpretationen. So könnte der Songtitel auf die vielen kitschigen Portraits anspielen, auf denen Elvis auf schwarzem Samt verewigt ist und die als Fanartikel hoch gehandelt werden. Der Titel könnte auch eine Anspielung auf Elvis' schwarze, mit Pomade oder Rosenöl hoch toupierte Haarpracht sein. Eine weitere Möglichkeit wäre der Verweis auf seine Stimme, die samtig klingt, aber das Timbre eines schwarzen Sängers besitzt.

Der relative kurze Liedtext führt wie im Zeitraffer durch Elvis' Leben, verknüpft mit atmosphärischen Bildern aus den Südstaaten der 1950er Jahre. Die folgenden Erläuterungen zum Liedtext sind in der Reihenfolge, wie sie im Liedtext vorkommen.

In Tupelo, Mississippi, wurde Elvis 1935 geboren. Tupelo, eine Kleinstadt mit damals ungefähr 7000 Einwohnern, liegt im Nordosten des Bundesstaates Mississippi, ungefähr 80 Kilometer südlich der Grenze zu Tennessee.

Der 1897 geborene Jimmy Rodgers war ein einflussreicher Countrysänger, der Ende der 1920er Jahre wegweisende Aufnahmen machte und dabei Vorbild für die nachfolgenden Generationen von Countrymusikern wurde. Er war auch als "The Singing Brakeman" ("Der singende Bremser") bekannt, eine Bezeichnung, die von seiner Tätigkeit bei der Eisenbahn stammte. Rodgers machte seine frühen Aufnahmen auf dem Victrola, einem Vorläufer des Plattenspielers, der von der Firma Victor hergestellt wurde. Am besten bekannt ist das Victrola von der heute noch bei EMI gebräuchlichen Abbildung, bei der ein Hund vor einem Victrola sitzt.

Elvis' Mutter Gladys wuchs in einfachsten Verhältnissen auf. Erzählungen zufolge war sie in ihren jungen Jahren eine leidenschaftliche Tänzerin, die mit ihren Darbietungen gern den Familien- und Bekanntenkreis unterhielt und dabei auch *"hot as a pistol"* gewesen sein soll. (36) Auch liebte sie die Musik von Jimmie Rodgers, zu der sie hier mit Elvis auf ihren Schultern tanzt.

Es ist sehr wahrscheinlich, dass Elvis das tänzerische und auch musikalische Talent von seiner Mutter geerbt hat. Väterlicherseits ist jedenfalls keine solche Begabung überliefert. Seine stimmlichen Voraussetzungen waren immens, so konnte er genauso überzeugend Rock'n'Roll, Gospel oder auch Balladen singen und besaß einen großen Stimmumfang und enorme stimmliche Power. Sam Philips, der Elvis entdeckte und die ersten Platten mit ihm aufnahm, behauptet gar, dass Elvis die beste Stimme besaß, die er je gehört hatte. (37)

Der Rock'n'Roll wurde damals in den Südstaaten der USA langsamer, emotionaler und, dem direkten Einfluss des Blues folgend, erdiger und schwerer gespielt als im Norden. Elvis ist in dieser Hinsicht ein Gegenentwurf zu Rock'n'Rollern aus dem Norden wie Buddy Holly oder Bill Haley, die nicht das schwarze Timbre in der Stimme besaßen und bei denen die Einflüsse aus der Countrymusik deutlich zu hören waren.

Dass Elvis' Musik hier als neue Religion bezeichnet wird, die einen niederknien lässt, zeigt, wie sehr sie im prüden und wohlgeordneten Amerika der 1950er Jahre die Gesellschaft und die Generationen spaltete. Es waren oft die Hüter von Moral und Sittsamkeit, den Rock'n'Roll verteufelten. In den Kirchen wurde dagegen gewettert. Für die Jugendlichen auf der anderen Seite war die Musik wie eine Erlösung von den engen Moralvorstellungen der Gesellschaft und Elvis war derjenige, der sie in ihren Augen befreite.

Im Jahr 1948 zogen die Presleys nach Memphis, Tennessee, etwa 180 Kilometer nordwestlich von Tupelo. Elvis war fast 14 Jahre alt und besuchte in Memphis eine High School. Memphis sollte bis an sein Lebensende sein Wohnsitz bleiben. Das Anwesen Graceland in Memphis, das Elvis 1957 erworben hatte und auf dem er mit seiner Familie und seiner Entourage bis zu seinem Tod lebte, ist bis heute die Pilgerstätte für Elvis-Fans aus aller Welt.

In Memphis ist die Beale Street der kulturelle Mittelpunkt und kann als Schmelztiegel für die schwarze Musik der Südstaaten und als Zentrum des Blues und Rhythm'n'Blues bezeichnet werden. Beale Street war eine lebendige und manchmal auch anrüchige Mischung aus Nachtclubs, Restaurants, Bars und Tanzsälen. Die intensiven Eindrücke, die hier auf Elvis einwirkten, prägten ihn musikalisch und waren ausschlaggebend für die Ausprägung seines persönlichen Stils.

Elvis hing sehr an seiner Mutter und wurde deswegen oft etwas abschätzig "Muttersöhnchen" genannt. Zu niemand anderem hatte er im Laufe seines Lebens eine ähnlich starke Bindung. Als seine Mutter starb, war Elvis erst 23 Jahre alt.

Zu Beginn seiner Karriere waren es vor allem junge Mädchen, die für Elvis schwärmten. Bei seinen Konzerten gab es erstmals die hysterischen Reaktionen, die sich später in noch stärkerem Maße bei den Beatles und bei vielen Boybands wiederfinden sollten.

Love Me Tender ist nicht nur einer der größten Hits von Elvis, sondern auch der Titel seines ersten Spielfilms, der 1956 in die Kinos kam. Dass ihr Idol Elvis am Ende den Filmtod sterben musste, verkrafteten viele der jugendlichen weiblichen Fans in den Kinos nicht. So begannen sie noch in den Gangreihen der Kinosäle zu weinen. Da nutzte es auch wenig, dass die Filmproduzenten Elvis in weiser Voraussicht ganz am Ende des Films zu sphärischer Orchestration noch eine zusätzliche Strophe von *Love me tender* aus dem Filmhimmel singen ließen.

Es waren vor allem die kreisenden Hüftbewegungen, die die Gemüter erregten und Elvis nach dem englischen Wort für Becken den Spitznamen "Elvis the pelvis" eintrugen. Weil diese sexuell aufgeladenen Bewegungen im weißen Amerika der 1950er Jahre als sündhaft empfunden und bekämpft wurden (man denke nur an die berühmten Waist-up-Auftritte im Fernsehen, in denen Elvis nur von der Hüfte aufwärts gezeigt wurde), wirkten sie auf die jungen Frauen umso anziehender.

Obwohl Elvis schon in den Jahren vor seinem Tod mit starken gesundheitlichen Problemen zu kämpfen hatte, kam sein Tod mit nur 42 Jahren dann doch plötzlich und unerwartet und löste in der ganzen Welt Trauer und Fassungslosigkeit aus.

Die 1990er Jahre

1990

The Scorpions: *Wind Of Change*

Wie der Wind des Wandels Klaus Meine, dem Frontman der Scorpions, ins Gesicht bläst und was er daraus macht

Wenn ich Sie frage, welche Worte der russischen Sprache Sie kennen, werde ich wahrscheinlich unterschiedliche Antworten bekommen, je nachdem wie alt Sie sind. Sind Sie schon zwischen 50 und 60 und haben den historischen Zusammenbruch des sozialistischen Systems miterlebt? Dann werden aus Ihnen Vokabeln wie Perestroika (Umbau, Umgestaltung) und Glasnost (Offenheit) geradezu hervorsprudeln. Sind Sie noch etwas älter, dann wäre wahrscheinlich ein Mir (Frieden, Welt) oder Prawda (Wahrheit) im Angebot. Was können die Jüngeren unter uns beitragen? Gazprom vielleicht, oder Vodka? Aber lassen wir das.

In den Achtzigern auf jeden Fall schaute die ganze Welt in die damalige Sowjetunion, ihre Satellitenstaaten des Ostblocks und auf die drastischen und dramatischen Veränderungen, die sich abzeichneten. Die sich vor allem abzeichneten, seit der sowjetische Staatschef Michael Gorbatschow die Perestroika, die Zeit des radikalen Umbruchs eigeleitet hatte - und seitdem Glasnost herrschte, gleichbedeutend mit Presse- und Meinungsfreiheit. Nicht dass das alles sofort dagewesen wäre, aber nachdem die ersten Pflänzchen gesetzt waren, war der Trend unumkehrbar.

Denn die Menschen wollten das, was ihnen bisher vorenthalten worden war, was sie nur heimlich konsumieren durften: alles Westliche und vor allem auch westliche Musik. Die Scorpions waren die zweite westliche Hard Rock Band, die 1988 Konzerte in der Sowjetunion geben durfte. Sie spielten in St. Petersburg (das damals ja bekanntlich noch Leningrad hieß) insgesamt 10 Konzerte. Im Jahr darauf kehrten sie zurück und spielten beim Moscow Peace Festival am 12. und 13. August.

In diesem einen Jahr hatte sich vieles verändert. Klaus Meine erinnert sich, dass sie 1988 noch auf Schritt und Tritt vom sowjetischen Geheimdienst verfolgt worden waren. Im darauffolgenden Jahr waren die Mitglieder der Roten Armee als Security zwar auch allgegenwärtig, aber sie ließen sich von der Atmosphäre bei den Konzerten anstecken. (1)

Das Konzert im August 1989 in der freieren Atmosphäre gab den Anstoß zur Komposition von *Wind Of Change*, als an einem der Abende alle gemeinsam in einem Boot auf dem Fluss Moskva fuhren – die Musiker aus den unterschiedlichsten Ländern, die Journalisten und die Mitglieder der Roten Armee. Dieses friedliche Gemeinschaftserlebnis inspirierte Klaus Meine zu seiner Vision, dass die Musik als gemeinsame Sprache die ganze Welt in ein Boot bringen kann. (2)

Klaus Meine spürte die historische Bedeutung des Abends, spürte, dass er Teil der Geschichte ist und dass um ihn herum Geschichte gemacht wird. Und er fand die perfekte Metapher dafür: den Wind des Wandels, dem er aufmerksam zuhört, der ihm die Zukunft zuflüstert. Eine Zukunft, in der es keine Grenzen mehr gibt und alle Menschen sich im Geiste vereinen.

Man kann das auch in nackten Zahlen und Fakten ausdrücken: *Wind Of Change* wurde bis heute weltweit ca. 14 Millionen Mal verkauft, war in 78 Ländern in den Charts und in 11 Ländern auf Platz eins. Es gibt neben der originalen sogar auch eine russisch gesungene Version der Scorpions. Die russische Version hat den Scorpions im Übrigen dann auch den Besuch im Kreml bei Herrn Gorbatschow nebst Gattin beschert. 1991 war das, und worüber hat man sich da wohl unterhalten? Aber sicher, natürlich über Glasnost und Perestroika. So jedenfalls will es Klaus Meine in Erinnerung behalten haben. Worüber hätte man auch sonst reden sollen...

Marc Cohn: *Walking In Memphis*

Marc Cohn nimmt uns mit auf eine persönliche Reise durch Memphis, Tennessee, und seine musikalische Geschichte.

Was kann ein 27-jähriger Singer Songwriter tun, der immer noch auf den Durchbruch wartet, bisher noch keinen Plattenvertrag an Land ziehen konnte und dazu noch unter einer aktuellen Schreibblockade leidet? Marc Cohn tat genau das Richtige: er suchte Inspiration durch einen Ortswechsel, zog seine *Blue Suede Shoes* an, stieg ins Flugzeug und flog nach Memphis, Tennessee.

Memphis, Tennessee, liegt am nördlichen Rand des Mississippi-Deltas direkt am Mississippi und hat rund 650.000 Einwohner. 1819 gegründet, und benannt nach der alten ägyptischen Stadt, ist Memphis bis heute ein Zentrum der afro-amerikanischen Musikszene. Denn die Gegend südlich von Memphis, eine fruchtbare Flussebene, die sich bis zum 200 Meilen entfernten Vicksburg erstreckt und früher komplett mit Baumwollplantagen bedeckt war, wird heute gemeinhin als Geburtsstätte des Blues (im Songtext als *„Delta Blues"* bezeichnet) angesehen.

In der berühmten Beale Street, dem kulturellen Mittelpunkt von Memphis mit seiner lebendigen und manchmal auch anrüchigen Mischung aus Nachtclubs, Restaurants, Bars und Tanzsälen entstand aus dem Blues und den vielen anderen musikalischen Einflüssen über die Jahrzehnte ein ganz eigener Sound. Ab den 1960er Jahren konnte man sogar vom „Memphis Sound" sprechen und meinte damit die Musik, die vor allem in den Stax Studios in Memphis produziert wurde und wie der Motown Sound aus Detroit sofort wiedererkennbar war.

Von diesem musikalischen Erbe erhoffte sich Marc Cohn Inspiration. Und er kam mit einer gehörigen Portion Respekt und Demut vor der musikalischen Geschichte der Stadt, was er in seinem anschließend entstandenen Liedtext von *Walking in Memphis* auch

ausdrückt, wenn er erwähnt, dass W.C. Handy nicht auf ihn herab-
schauen solle. (3) W.C. Handy ist einer der berühmtesten Söhne von
Memphis und war als Musiker, Komponist und Musikverleger tätig. Er wurde zwar nicht in Memphis geboren, lebte aber lange Zeit
dort. Er schrieb als erster Blueskompositionen, wie zum Beispiel
1909 den *Memphis Blues*, der als erste Blueskomposition überhaupt
gilt, sowie den *St. Louis Blues* und den *Beale Street Blues*.

Anders als Marc Cohn kommen die meisten Touristen heute wegen
Elvis Presley und der rund um sein Anwesen Graceland entstanden
Pilgerstätte nach Memphis. Doch auch Marc Cohn absolvierte bei
seinem ersten Besuch im Jahr 1985 das typische Touristen-
Programm. So sind Elvis' Spuren und seine posthume Omnipräsenz
auch im Liedtext sehr prominent vertreten.

706 Union Avenue ist die Adresse der Sun Studios von Sam Phil-
lips, in denen Elvis seine ersten Aufnahmen machte. In diesem Tonstudio startete nicht nur die Karriere von Elvis, sondern auch von
anderen berühmten Musikern wie Johnny Cash, Roy Orbison, Carl
Perkins oder Howlin' Wolf.

Der Jungle Room ist einer der vielen Räume von Graceland, der
allerdings erst Mitte der 1960er Jahre von Elvis selbst eingerichtet
wurde. Er präsentiert sich als im Hawaii-Stil eingerichtetes, mit
Wasserfall und allerhand geschmacklosen Möbeln bestücktes Refu-
gium, in dem Elvis in späteren Jahren versucht hat, Tonaufnahmen
zu machen.

Seine wahre Inspiration fand Cohn aber abseits dieser touristischen
Attraktionen in der Begegnung mit zwei Menschen und ihrer Musik, die er dem Hinweis eines Freundes verdankte. Er beschrieb
diese beiden Begegnungen und die Erfahrungen, die damit einher-
gingen, als "spiritual awakening", also als spirituelles Erwachen.

Die erste dieser beiden Begegnungen fand in Al Greens Gospelkir-
che statt. Der Soul- und R&B-Sänger Al Green hatte 1974 ein Erlebnis der verstörenden Art, das ihn zur Religion brachte. Seine Le-
bensgefährtin übergoss ihn, als er in der Badewanne saß, mit heißer

Grütze, was Verbrennungen zweiten Grades an seinem Oberkörper zur Folge hatte. Anschließend richtete sie sich selbst. 1976 dann kaufte Al Green die "The Memphis Full Gospel Tabernacle Church", um dort als Reverend Green mit feurigen Predigten und Energie geladener Gospelmusik von sich reden zu machen. Marc Cohn besuchte bei seinem Memphis-Aufenthalt einen von Greens Gottesdiensten, allerdings - wie er selbst sagt - nicht aus religiösen Gründen. Dieser Gottesdienst hinterließ dennoch einen unauslöschlichen Eindruck. Cohn sagt, dass es eine seiner großen Erfahrungen in seinem Leben gewesen wäre, die ihn so tief bewegte, dass ihm der Schweiß das Gesicht hinunterlief und er gleichzeitig Tränen in den Augen hatte. (4)

Die andere Begegnung fand im Hollywood Café in Robinsonville, 40 Autominuten von Memphis entfernt, statt. Das Hollywood war ein typisches Südstaaten-Restaurant mit Südstaaten-Charme, in dem man das typische Südstaatengericht „catfish", also Wels, essen konnte. Hier spielte jeden Freitag Abend Muriel Davis Wilkins an einem alten Klavier und sang Gospels. Sie war eigentlich Lehrerin und verdiente sich im Hollywood ein bisschen Geld dazu. Auch von ihr und ihrer ursprünglichen, tief empfundenen Musik war Marc Cohn tief beeindruckt. Er kam mit ihr ins Gespräch und um Mitternacht begannen sie gemeinsam zu musizieren, was nicht ganz so einfach war, da sie kein gemeinsames Repertoire hatten. So sangen sie schließlich noch das alte Spiritual *Amazing Grace* zusammen.

Auch diese sehr persönliche Begegnung prägte Cohn in besonderer Art und Weise, so dass er Muriel sechs Monate später wieder besuchte und ihr unter anderem auch den fertigen Song *Walking In Memphis* vorspielte, den sie für seinen besten hielt. Muriel starb 1990 im Alter von 67 Jahren.

Diese starken Eindrücke, die Marc Cohn in Memphis erhielt, und das damit verbundene Glücksgefühl drückt er im Refrain des Songs durch eine schöne Metapher aus. Er läuft nicht einfach durch Memphis, sondern er schwebt geradezu über der Beale Street, und das immerhin *„ten feet"* also gut drei Meter! (5)

Der Erfolg von *Walking in Memphis* hängt direkt mit diesem sehr persönlichen Liedtext zusammen. Doch auch die charakteristische Klavierfigur, die den Song musikalisch prägt, sowie das ausgefeilte Arrangement heben den Song hervor und sorgen dafür, das *Walking In Memphis* auch nach rund 20 Jahren nichts von seinem Reiz verloren hat.

Vangelis: *Conquest Of Paradise*

Vangelis' schöner Titelsong zum mittelmäßigen Film unter
Verwendung von echt alten und pseudo-alten Elementen

Carl Orff und Boxen - das geht nicht zusammen. Das dachten wohl
die Erben des bayrischen Komponisten und Musikpädagogen, den
man heute vor allem dank des an den Schulen weit verbreiteten
Orff-Instrumentariums und natürlich für *O Fortuna*, dem Eröff-
nungsstück aus seinem Hauptwerk *Carmina Burana* kennt. Oder es
erschien ihnen schlicht unangemessen, dass *O Fortuna* für Show-
zwecke benutzt wurde und nur als Kulisse für den Auftritt dieses
sendungsbewussten Boxers diente. Der hieß Henry Maske und zu
den Klängen von *O Fortuna* marschierte er wie einst die römischen
Gladiatoren zu seinen Boxkämpfen auf, um dem Gegner gleich un-
missverständlich klar zu machen, wer anschließend Chef im Ring
sein würde.

So verboten die Erben die Verwendung dieses Werks und Henry
Maske war folgerichtig auf der Suche nach einer neuen Musik, die
denselben Effekt erzielen würde. Dramatisch musste sie sein und
gleichzeitig hymnisch, majestätisch sollte sie klingen und eingängig
sein. All dies hatte auf *O Fortuna* zugetroffen und traf auch auf
Maskes neue Auswahl *Conquest Of Paradise* zu. Dessen Komponist,
der griechische Musiker und Meister der elektronischen Musikinstrumente, der unter dem von seinem Vornamen Evangelios abge-
leiteten Künstlernamen Vangelis firmiert, hatte nichts gegen die
Verwendung seiner Musik. Im Gegenteil. Er dürfte sogar sehr froh
gewesen sein, denn Maskes Verwendung bescherte *Conquest of Paradise* die Aufmerksamkeit, die die Musik ohne Zweifel verdient
hatte und die sie ohne Maske wahrscheinlich nie bekommen hätte.

Denn der Historienfilm *1492 - Conquest Of Paradise* (*1492 - die Erobe-
rung des Paradises*), zu dem Vangelis nicht nur *Conquest Of Paradise*,
sondern die komplette Filmmusik geschrieben hatte, war ein ziemli-

cher Flop. Und das zurecht, so die Filmkritiker, die kein gutes Haar an der Nacherzählung der "Entdeckung" Amerikas durch Kolumbus ließen. Auch dass der von Ridley Scott gedrehte Film rechtzeitig zur 500-Jahr-Feier Amerikas im Jahr 1992 fertig wurde, konnte ihn - trotz beeindruckender Bilder und großem Aufwand - nicht retten.

Das ist sicherlich ein Grund, warum die Filmmusik in ihrer Qualität nicht wirklich wahrgenommen worden war. Es fehlte die richtige Inszenierung, die zwei Jahre später Henry Maske bieten konnte. Conquest Of Paradise und sein Maske-Vorgänger O Fortuna haben im Übrigen mehr gemein als nur einen ähnlich dramatischen Charakter, einen Hang zur orchestralen Bombastik und eine eingängige, repetitiv angelegte Melodie. Beide eint eine rückwärtsgewandte, also archaisierende Kompositionsweise, was bedeutet, dass sie nicht mit den musikalischen Mitteln ihrer Zeit, sondern nach musikalischen Prinzipien vergangener Zeiten komponiert wurden. Und das ist ganz logisch, denn beide Werke thematisieren Vergangenes.

Carl Orffs 1937 uraufgeführte Carmina Burana basieren auf einer Sammlung von mittelhochdeutschen und lateinischen Gedichten und Texten, die im 11., 12. und 13. Jahrhundert von verschiedenen Autoren verfasst wurden, aber erst 1805 im Kloster Benediktbeuren gefunden wurden.

Darum besitzt O Fortuna einen lateinischen Text, genauso wie Conquest Of Paradise – könnte man meinen. Doch der Liedtext von Conquest Of Paradise ist kein echtes Latein, sondern eine sinnfreie Neuschöpfung, die so klingen soll wie Latein. Die Klanglichkeit der toten Sprache Latein wird hier mit klarer historisierender Absicht eingesetzt. Möglicherweise soll eine Assoziation zum gregorianischen Choral, der im Mittelalter in den Klöstern gesungen wurde, hergestellt werden. Der pseudo-lateinische Liedtext stammt von Guy Protheroe, der gleichzeitig der musikalische Leiter des bei Conquest Of Paradise singenden English Chamber Choirs ist.

Doch auch in musikalischer Hinsicht wird ein historischer Bezug hergestellt. Vangelis hat tief in der Musikgeschichte Spaniens gegraben, denn Kolumbus war ja bekanntlich im Auftrag der spanischen Königin Isabella I. unterwegs, um einen neuen Seeweg nach Indien zu finden. So finden sich einige Elemente spanischer Musik in *Conquest Of Paradise*.

Da ist zunächst der dem Gesangsteil ostinat, also gleichbleibend zugrunde liegende Rhythmus zu nennen, dessen Ursprung im Bolero zu suchen ist. Der Bolero, ein spanischer Tanz aus dem 18. Jahrhundert im relativ langsamen 3/4-Takt, basiert auf einem feststehenden Grundrhythmus. Gleiches gilt für *Conquest Of Paradise* wo dieser Rhythmus eintaktig ist und aus einer Abfolge von Achtel, 2 Sechzehnteln, Achtel, 2 Sechzehnteln und 2 Achteln besteht. Dieser Grundrhythmus zieht sich mal mehr mal weniger deutlich durch das ganze Stück. Man könnte ihn als vereinfachte Variante des Rhythmus bezeichnen, den Maurice Ravel für seinen berühmten *Boléro* verwendet hat.

Harmonisch gesehen basiert der Gesangsteil auf einem anderen, sehr wahrscheinlich von der iberischen Halbinsel stammenden Modell, der Folia. Dabei handelt es sich um eine gleichbleibende und standardisierte Abfolge von Basstönen und damit verbundenen Akkorden, über die Melodien komponiert oder improvisiert wurden. Die harmonische Abfolge ist im folgenden Beispiel in d-Moll abgebildet. Sie besteht aus zwei mal acht Takten. Sie beginnt in d-Moll, um in den Takten 4 bis 6 in die parallele Durtonart F-Dur auszuweichen und dann wieder nach d-Moll zurückzukehren. Die ersten acht Takte enden offen auf dem Quintton a und dem dazugehörigen Dominantakkord A-Dur:

Takt	1	2	3	4	5	6	7	8
Basston	d	a	d	c	f	c	d	a
Akkord	d-Moll	A-Dur	d-Moll	C-Dur	F-Dur	C-Dur	d-Moll	A-Dur

Der zweite Achttakter ist im Grunde identisch mit dem ersten Achttakter, allerdings endet der zweite Achttakter, um eine Schlusswirkung zu erzielen, auf dem Grundton d und dem dazugehörigen

Grundakkord (d-Moll). Die Dominante A-Dur wird auf den siebten Takt vorgezogen, der somit als einziger Takt zwei unterschiedliche Basstöne und Harmonien besitzt.

Takt	9	10	11	12	13	14	15	16
Basston	d	a	d	c	f	c	d a	d
Akkord	d-Moll	A-Dur	d-Moll	C-Dur	F-Dur	C-Dur	d-Moll A-Dur	d-Moll

Vangelis hingegen gestaltet beide Achttakter genau gleich. Beide enden offen auf der Dominante A-Dur. Zusätzlich verwendet er im siebten und fünfzehnten Takt mit b und B-Dur statt d und d-Moll einen anderen Basston und Akkord:

Conquest Of Paradise, Änderungen zum Folia-Modell fett markiert

Takt	1	2	3	4	5	6	7	8
Basston	d	a	d	c	f	c	**b**	a
Akkord	d-Moll	A-Dur	d-Moll	C-Dur	F-Dur	C-Dur	**B-Dur**	A-Dur

Takt	9	10	11	12	13	14	15	16
Basston	d	a	d	c	f	c	**b**	a
Akkord	d-Moll	A-Dur	d-Moll	C-Dur	F-Dur	C-Dur	**B-Dur**	A-Dur

Conquest Of Paradise besteht aus zwei verschiedenen Formteilen: dem schon erwähnten Folia-Teil in d-Moll und einem Instrumental-teil, der in der gleichnamigen Durtonart D-Dur steht. Diese Aufhellung bringt nicht nur Abwechslung, sondern verleiht *Conquest Of Paradise* das optimistische und triumphale Element, das Henry Maske benötigte. Auch hier gibt es eine Parallele zu Carl Orffs *O Fortuna*, das im Orchesternachspiel ebenso von der bis dahin vorherrschenden Molltonart in die gleichnamige Durtonart wechselt und der Glücksgöttin Fortuna einen wirkungsvollen Abgang beschert.

1997

Robbie Williams: *Angels*

Dies ist die Geschichte von Ray Heffernan, Robbie Williams und den Ergebnissen einer durchzechten Nacht.

Dublin, Dezember 1996. Ray Heffernan war zurück aus Paris. Seine Freundin hatte ihn verlassen. Zu groß war die Belastung gewesen, die die Totgeburt ihres gemeinsamen Babys ausgelöst hatte. Auch hatten ihre Eltern die Beziehung nicht toleriert. Was blieb war eine große Leere, die Heffernan in verschiedenen Pubs mit großen Mengen Alkohol zu ertränken versuchte.

In Irland sagt man, wenn ein Baby tot auf die Welt kommt: „He was born an angel." Heffernan durfte sein Baby nicht lieben, nun liebte er eben stattdessen einen Engel, „an angel instead".

An einem Abend in jenem besagten Dezember 1996 saß Heffernan also in einem Pub in Dublin, als zufällig Robbie Williams hereinlief. Die beiden Musiker fanden sich und tranken zusammen, und beschlossen aus einer spontanen Laune heraus, zusammen Songs zu schreiben. Dazu zogen sie sich am späten Abend in Heffernans Wohnung im Dachgeschoss zurück, bewaffnet mit einer Flasche Whiskey, einer akustischen Gitarre und einem kleinen Diktiergerät. Aus den vielen Songideen, die sie hatten, kristallisierte sich ein Song heraus, der Heffernan besonders auf der Seele lag. Die Aufnahme, die die beiden davon am frühen Morgen sturzbetrunken machten, ist trotz miserabler Tonqualität der Beweis; die bekannte Melodie und der textliche Beginn des Songs. Ray Heffernan erinnert sich, dass sie einen Teil der Strophen und einen Teil des Refrains hatten, sozusagen das Grundgerüst („*bones*") des Songs. (6)

Fast jeder dürfte diesen Song kennen, es ist *Angels*, Robbie Williams' größter Hit. Doch die Geschichte wird nun erst interessant, denn als Urheber des Songs sind nicht etwa Ray Heffernan und Robbie Williams eingetragen, sondern Robbie Williams und Guy Chambers. Somit bekommen sie die Millionen an Tantiemen, die dieser Song

179

seitdem erwirtschaftet hat. Schätzungen gehen von bisher ca. 7 Millionen Euro aus! (7) Doch wieso hat Ray Heffernan keinen Anteil an diesen Einnahmen? Seine lapidare Begründung: er war erst 23 und naiv. (8)

Schon bald als Robbie Williams nach dieser durchzechten Nacht in Heffernans Wohnung wieder nüchtern war, muss er das Hit-Potenzial dieses Songs erkannt haben. Williams und Guy Chambers, englischer Songwriter Musiker und Produzent, der die ersten fünf Soloalben von Williams produzierte, arbeiteten an dem Song-rudiment weiter und gaben ihm die endgültige Form. Als Heffernan erfuhr, dass *Angels* auf Williams Album *Life Thru A Lens* erschienen war, kontaktierte er ihn und bekam ein Angebot: 7.500 englische Pfund. Als Einmalzahlung. Für die Zeit damals von der Höhe sicherlich ein Angebot, mit dem man leben konnte, war doch noch nicht klar, ob der Song einschlagen würde oder nicht. Heffernan unterschrieb.

Aber wieso nahm man Heffernan nicht als Urheber mit auf, um ihm genau für den Fall, dass der Song ein Hit würde, einen fairen Anteil an den Tantiemen zuzugestehen? Es hätte Williams und Chambers finanziell nicht wehgetan, und würde es heute definitiv auch nicht. Aber auch hier ist wohl wieder die unstillbare Gier am Werk, die jegliches Gerechtigkeitsempfinden wirkungsvoll zu unterdrücken scheint.

Und nicht nur das, in verschiedenen Interviews äußerte sich Williams über die Entstehung des Songs, ohne die Miturheberschaft Heffernans auch nur zu erwähnen. Stattdessen erklärte er, mit Chambers in einem Straßencafé gesessen zu haben, wo sie ein Brunnen zum Song inspiriert hätte. Innerhalb von nur 25 Minuten sei dieser entstanden. Inhaltlich sei er über seine Tante und seinen Onkel. (9)

Seinem Biographen Chris Heath diktierte Williams, er glaube an das Übernatürliche, daran dass die Verstorbenen, die man liebte, zurückkommen und über einen wachen. (10) Auch hier keine Erwäh-

180

nung von Heffernan und dem wirklichen Hintergrund des Songs. Stattdessen eine kryptische Erwähnung in den Liner Notes zur CD-Single: "Even Fallen Angels Laugh Last - Thanks to Raymond Heffernan". (11) Davon kann sich Ray Heffernan leider gar nichts kaufen.

Puff Daddy: *I'll Be Missing You*

Der Krieg zwischen East Coast und West Coast Rappern, sein letztes Opfer und die goldene Nase, die sich so mancher damit verdient

Der gewaltsame Tod der beiden schillerndsten Figuren der Gangsta Rap-Szene der 1990er Tupac Shakur und Notorious B.I.G. jährte sich unlängst zum zwanzigsten Male. Zur Erinnerung: Am 9. März 1997 wird in Los Angeles der Rapper Notorious B.I.G. in einem Auto erschossen. Er sitzt auf dem Beifahrersitz seines Wagens, als die tödlichen Schüsse an einer roten Ampel aus einem vorbeifahrenden Auto abgegeben werden. Bis heute ist nicht ganz klar, ob diese Tat ein Racheakt für die Ermordung von Tupac Shakur ist, der sechs Monate zuvor auf fast gleiche Weise umgekommen war. Beide Täter wurden bis heute nicht gefasst.

Tupac Shakur und Notorious B.I.G., dessen bürgerlicher Name Christopher Wallace war, waren verfeindet und repräsentierten die rivalisierenden Gruppen der New Yorker East Coast Rapper und der West Coast Rapper aus Los Angeles. Notorious B.I.G., stand für den East Coast Gangsta Rap, der in Kalifornien groß gewordene Shakur für den West Coast Rap. Den beiden Morden vorausgegangen war im Jahr 1994 eine Falle, in die Tupac Shakur in New York gelockt worden war und wo er von mehreren Kugeln getroffen wurde. Er überlebte nur knapp. Shakur machte Notorious B.I.G. für den Mordanschlag verantwortlich, was die Feindschaft der beiden begründete.

Doch worum ging es eigentlich in diesem Krieg der Gangsta Rapper? Was war die Motivation für die brutale Ermordung der beiden Rapper? Das ist auch heute nicht klar. Es ging aber sicherlich nicht nur um eine persönliche Fehde zwischen zwei Musikern und ihren Lagern. Denn hinter den beiden Frontfiguren standen zwei Plattenfirmen, die *Death Row Records* mit ihrem Boss Suge Knight, wo Tupac Shakur seine Alben veröffentlichte, und Sean Combs (alias Puff

Daddy) "Bad Boy Entertainment", bei den Notorious B.I.G. unter Vertrag stand. Es ging um Macht, Erfolg und natürlich um viel Geld.

Denn seit Anfang der 1990er Jahre war der Gangsta Rap immer mehrheitsfähiger geworden. Die Protagonisten dieser Spielart des Hiphop waren authentisch, sprich sie hatten die entsprechend kriminelle Vergangenheit. Sie kokettierten nicht nur mit ihrer Gesetzlosigkeit, sondern lebten sie vor. Dies verlieh ihnen und ihren gewaltverherrlichenden, sexistischen Texten die nötige Glaubwürdigkeit. Sie drangen mit dieser Attitüde auch zu weißen, gutbürgerlichen Jugendlichen und jungen Menschen vor, denen die Gesetzlosigkeit als willkommener Gegenentwurf zur eigenen Rolle in der Gesellschaft diente. Dies öffnete einen riesigen Markt für die Rapper und die dahinterstehende Musikindustrie. Waren es diese Begehrlichkeiten, die zu dem Gewaltausbruch führten?

Nur knapp drei Monate nach der Ermordung von Notorious B.I.G. brachte dessen Produzent und enger Freund Sean Combs alias Puff Daddy die Single *I'll Be Missing You* heraus, die er zusammen mit Notorious B.I.G's Witwe Faith Evans aufgenommen hatte. In diesem Song bringen die beiden die Betroffenheit über den Tod von Notorious B.I.G. zum Ausdruck. Die Aufnahme wurde zwar ein riesiger kommerzieller Erfolg, wurde aber auch kritisch gesehen. So ist es vor allem der quasi-religiöse Charakter der Aufnahme mit dem sphärischen, in Oktaven gedoppelten Gesang von Evans und dem Zitat eines alten Gospelsongs, der den Kritikern aufstößt. Die damit verbundene posthume Glorifizierung eines Menschen, der Gewalt predigte und auch mehrfach mit dem Gesetz in Konflikt geraten war, sei nicht angemessen. Außerdem sei es nicht richtig, wenn aus dieser Spirale der Gewalt schlussendlich auch noch ein Vermögen gewonnen wird.

Und bei rund 10 Millionen Verkäufen rund um den Globus (12) ist *I'll Be Missing You* tatsächlich für alle Beteiligten eine Goldgrube, auch wenn die Tantiemen (also die Gelder für jede öffentliche Aufführung, die nur an den Komponisten/Textdichter gehen) in andere Taschen als die von Sean Combs fließen. Denn der Song ist textlich wie musikalisch nicht Puff Daddys Werk, sondern setzt sich aus anderen Quellen zusammen.

I'll Be Missing You ist im Grunde eine Coverversion des Songs *Every Breath You Take* von der Gruppe Police, der aus Stings Feder stammt und 1983 veröffentlicht wurde. Zwei Elemente aus *Every Breath You Take* werden hier verwendet. Da ist zum einen das charakteristische Gitarren-Begleitriff des Police-Gitarristen Andy Summers, das hier gesamplet, also digital eingefügt wurde und über das Puff Daddy seinen Rap legt. Dazu wird der Refrain von *Every Breath You Take* komplett übernommen und von Faith Evans gesungen, dabei allerdings umtextiert.

Des Weiteren findet sich ungefähr in der Mitte von *I'll Be Missing You* ein Zitat der alten Gospelhymne *I'll Fly Away*, die 1929 von Albert E. Brumley komponiert worden war. Auch der Text ist nicht von Combs selbst, sondern wurde von Todd Gaither geschrieben.

Nun ist die Übernahme von Songteilen ja nichts Verwerfliches. Gerade im Hiphop ist das eine ganz grundständige Technik, die Raps über gesamplete Basslines oder Drumgrooves zu legen. Nach einigen Anfangsschwierigkeiten hatte es sich in der Szene dann auch herumgesprochen, dass man für die Verwendung bei den Urhebern um Erlaubnis fragen und vor allem auch bezahlen muss. Dass nun ausgerechnet Combs, Profi durch und durch, vergessen haben soll, genau dies zu tun, erscheint völlig unglaublich. Es ist aber tatsächlich so und im Jahr 2000 prozessierten die Erben von Albert E. Brumley erfolgreich wegen der unrechtmäßigen Verwendung von *I'll Fly Away* und bekamen eine geheim gehaltene Entschädigungssumme zugesprochen. (13)

Auch Sting muss die neue Version seines Police-Klassikers wie ein Geschenk des Himmels vorgekommen sein. Er bekam 100% der anfallenden Tantiemen zugesprochen, gilt also als der alleinige Urheber von *I'll Be Missing You*. Um welche Summen es sich bei solchen Tantiemen handelt, wird sehr selten öffentlich. Die Begünstigten äußern sich sowieso nie dazu. Insofern sind die Summen sicher mit Vorsicht zu genießen, die in einem Artikel auf *Celebrity Net Worth* (14) genannt werden. Denn eine genaue Quelle, woher die Angaben stammen sollen, findet man dort nicht. Demnach soll Sting knapp 2.000 € pro Tag an Tantiemen mit *Every Breath You Take* verdienen. Ob mit oder ohne *I'll Be Missing You* lässt sich dem Artikel nicht entnehmen, aber das ist bei diesen Summen dann wohl auch irrelevant. Sting selbst sagt dazu nur, dass ihm die Tantiemen die schulische Ausbildung zweier seiner Kinder finanziert hätten. Auch wenn man weiß, wie teuer englische Privatschulen sein können, dürfte das eine ziemliche Untertreibung sein.

Der Einzige, der bei dieser Geschichte leer ausgeht, ist Andy Summers, und der ist ironischerweise der einzige von Police, der auf *I'll Be Missing You* mit seinem gesampleten Gitarren-Riff tatsächlich zu hören ist. Nicht nur dass er keinen Cent der Tantiemen erhält, er wurde auch nie gefragt und nicht einmal informiert. So hörte Summers sein Gitarren-Sample zum ersten Mal aus dem Radio, als ihn sein damals 10-jähriger Sohn darauf aufmerksam machte. (15) Man kann seinen mehr als berechtigten Ärger darüber sehr wohl verstehen.

Die 2000er Jahre

2005

Robbie Williams: *Advertising Space*

Welcher Rockmusiker kann sich Elvis Presleys Einfluss entziehen? Auch fast 30 Jahre nach seinem Tod wieder eine Hommage an den King, diesmal von Robbie Williams.

Die Webseite Elvis & Nixon Songs All Mixed Up (1) verzeichnet 232 Songs, die sich thematisch mit Elvis Presley beschäftigen. Insofern ist *Advertising Space* im Grunde nur ein Song von vielen. Er gehört aber zu den wichtigen Songs, da er sich auf kritische Weise damit auseinandersetzt, was von Elvis nach seinem Tod geblieben ist.

Williams selbst bezeichnet den Song als sein *Candle in the wind* und spielt damit auf Elton Johns legendäre Ballade über das Leben und den Abstieg von Marilyn Monroe an. Bezug nehmend auf den Film *True Romance*, in dem Elvis dem Hauptdarsteller als Geist erscheint, sagt Williams, *Advertising Space* sei sein True-Romance-Song, der ihn glauben ließe, dass er von Zeit zu Zeit direkten Zugang zu Elvis habe. (2)

Inhaltlich geht es in *Advertising Space* um die Frage, wie mit Elvis und seinem Erbe nach seinem Tod umgegangen wird. Williams kritisiert die kommerzielle Verwertung des Idols Elvis nach dessen Tod, bei der das Generieren von maximalem Profit im Vordergrund zu stehen scheint, und nicht das Bewahren des künstlerischen Erbes. Elvis dient seiner Ansicht nach nur als Reklamefläche (advertising space), um Merchandising-Artikel wie Wanduhren oder Autoaufkleber verkaufen zu können. (3)

Diese Produkte stehen symbolisch für den gigantischen Kommerz, der rund um Elvis und sein Anwesen Graceland seit dessen Tod entstanden ist. Dazu ein paar Fakten: Laut dem Wirtschaftsmagazin Forbes liegt Elvis seit Jahren auf den vordersten Plätzen der Musiker, die nach ihrem Tod am meisten Geld generieren. Im Jahr 2014 waren dies vor Steuern immerhin sage und schreibe 55 Millionen

186

Dollar, die verdient wurden. Dass das Geschäft so gut läuft, ist ein Verdienst von Elvis' Ex-Frau Priscilla Presley, die 1982 Graceland für Besucher öffnete und so den Grundstein für den Kult um Elvis' Wohn- und Grabstätte legte, die jährlich um die 600.000 Besucher anlockt. Formal zuständig für alles, was rund um Elvis verkauft wird, ist die Firma Elvis Presley Enterprises (EPE), an der Elvis' Tochter Lisa Marie als einzige noch lebende Erbin 15% Anteile hält.

Man kann den Erben die Vermarktung natürlich vorwerfen, auf der anderen Seite war es so, dass Elvis quasi kein Vermögen hinterlassen hatte, sondern nur die Villa Graceland, und das, obwohl er Unsummen verdient hatte. Gründe dafür gibt es viele, unter anderem sein exzessiver Lebensstil, die mehr als branchenüblichen Abgaben an seinen Manager Colonel Tom Parker (am Schluss 50% seiner Einnahmen!), schlechte Deals wie das Veräußern seiner Songrechte im Jahr 1973 für einen Pauschalpreis an RCA Records, die bezahlten Kumpels und Bodyguards (die "Memphis Mafia"), seine Großzügigkeit und auch die hohen Unterhaltskosten für sein Anwesen Graceland, jährlich 500.000 $. Wollte man nach Elvis' Tod nicht alles verkaufen, musste man sich Gedanken machen, wie das alles zu finanzieren wäre.

Welcher Kult daraus entstehen würde, war damals, als die Erben vor den finanziellen Trümmern standen, sicher auch nicht abzusehen. Inzwischen hat das Gedenken an Elvis Züge von Reliquienverehrung angenommen. Aber Elvis' Leben war nun einmal genau so faszinierend wie seine Musik. Er verkörpert den ur-amerikanischen Traum vom Tellerwäscher zum Millionär und steht gleichzeitig symbolisch für einen tragischen, weil gefallenen Helden. Dazu hatte sein Lebensstil so viele Facetten, von seiner emotionalen Abhängigkeit von seiner Mutter bis hin zum Männerclan "Memphis-Mafia", die ständig bei ihm wohnten, von seiner extravaganten Kleidung bis hin zu seiner exzessiv luxuriösen Lebensweise, um nur einiges zu nennen. Das alles nachzuvollziehen ist wohl ein zutiefst menschliches Bedürfnis, das zu befriedigen den Erben nicht wirklich vorgeworfen werden kann. Ob Elvis' Konterfei dabei wirklich auf den kitschigsten Objekten abgebildet sein muss, ist allerdings zu Recht zu hinterfragen.

Im Liedtext werden über dieses zentrale Thema noch weitere Aspekte aus Elvis' Leben angesprochen.

Elvis war Rock'n'Roller, eine Musikrichtung, die am Ende der 1950er ihren Zenit überschritten hatte. Der Rock'n'Roll war gesellschaftsfähig geworden und das Interesse an Elvis hatte dadurch nachgelassen. Es entstand eine Lücke, die sein Management dadurch zu füllen versuchte, dass man ihn immer mehr Schlager bis hin zur Schnulze singen ließ, um die Verkaufszahlen hoch zu halten; Schnulzen, die in immer billigeren Filmproduktionen schnell vermarktet wurden. Höhepunkt dieser Entwicklung waren solche Peinlichkeiten wie die Version des Volkslieds *Muss i denn zum Städtele naus* aus dem Film G.I. Blues. Erst 1969 veröffentlichte Elvis wieder eine Platte mit anspruchsvollem und qualitativ hochwertigem Material.

Wie viele andere Superstars auch verkraftete Elvis den Spagat zwischen der ihm dargebrachten grenzenlosen Verehrung als Künstler und der privaten emotionalen Einsamkeit und dadurch folgenden inneren Leere nicht. Auch die Beziehung und Ehe mit Priscilla Beaulieu konnte gegen diese Kräfte nichts ausrichten. Die Depressionen versuchte er mit Medikamenten in immer stärkeren Dosen zu bekämpfen. Nicht nur vergeblich, sondern auch mit den gravierenden Folgen einer schweren Medikamentenabhängigkeit und des Hineingeratens in einen Teufelskreis, der sich am Ende als tödlich erweisen sollte.

Unter diesen Umständen mutet es aus heutiger Sicht geradezu als grotesk an, dass Elvis 1970 einen Brief an den damaligen amerikanischen Präsidenten Richard Nixon ("the man" steht hier als Slangausdruck für die amerikanische Regierung) schrieb und ihn bat als Federal Agent, also eine Art Spezialbeauftrager der Regierung für Drogenfragen und Drogenmissbrauch wirken zu dürfen.

Dies geschah sicherlich unter dem Eindruck der ersten Drogentoten unter den Rockstars, Jimi Hendrix und Janis Joplin, die beide 1970 innerhalb kurzer Zeit starben (Jim Morrison folgte 1971). Dies sah man durchaus als eine Folge der gerade zu Ende gegangenen Ära der Blumenkinder, die sich ja durch einen unverkrampften und unvernünftigen Umgang mit Drogen ausgezeichnet hatten.

Dass Nixon prompt reagierte hatte wohl hauptsächlich politische Gründe. Die Fotos mit Elvis und das Engagement für das Wohlergehen der Jugend sollten wohl nicht ganz so ausgezeichnete Popularitätswerte steigern helfen. Elvis hatte den Status des "special agent" bis zu seinem Tod inne, auch während des Watergate-Skandals des Präsidenten Nixon, und auch während der heißen Phase des Vietnamkriegs, hat in dieser Funktion aber nie etwas bewirkt.

Amy Winehouse: *Rehab*

Ein ganz und gar unnötiger Song mit einer völlig falschen Message

Amy Winehouse starb am 23. Juli 2011 an einer Alkoholvergiftung
mit unvorstellbaren 4,16 Promille Alkohol im Blut. Sie wurde 27
Jahre alt, genauso wie Brian Jones von den Rolling Stones, Jimi
Hendrix, Janis Joplin und Jim Morrison, die zwischen 1969 und 1971
an den mittelbaren oder unmittelbaren Folgen ihres Drogenmiss-
brauchs starben, und ebenso wie Kurt Cobain, der 1994 Selbstmord
beging.

Auch wenn schon einige Jahre seit Amy Winehouses Tod vergangen sind, sind die Bilder immer noch präsent: Amy Winehouse, wie
sie betrunken und zugedröhnt durch die nächtlichen Straßen Lon-
dons hetzt, auf der Flucht vor der Meute der Paparazzi und irgendwie auch ständig auf der Flucht vor sich selbst. Oder Amy
sturzbetrunken und orientierungslos auf der Bühne auf einer Tournee in Belgrad, nicht mehr in der Lage sich an die Melodien und
Texte ihrer eigenen Songs zu erinnern, geschweige denn diese vor-
zutragen.

Es war der beispiellose und würdelose Niedergang einer hochtalen-
tierten und hochsensiblen Künstlerin und man steht auch viele Jahre danach noch fassungslos vor dieser irgendwann nicht mehr zu
stoppenden Spirale aus öffentlicher Sensationsgier und genauso
öffentlich fast schon exhibitionistisch zur Schau gestelltem persönli-
chem Absturz. Gründe dafür gab es sicher viele. Die Scheidung der
Eltern, als Amy neun Jahre alt war, der schlechte Einfluss ihres dro-
gensüchtigen Freundes und Später-Ehemanns Blake Fielder-Civil,
der ständige Kampf gegen das Lampenfieber, die Angstzustände
und die Erwartungen, die auf den Musikern nun einmal lasten,
wenn sie vor einem großen Publikum konzertieren. Und genau

dieses Publikum blickte mit einer Mischung aus Mitleid und Entsetzen auf das ihm gebotene Schauspiel der Selbstzerstörung - unabhängig davon, ob sie es betrachten wollten oder ihm einfach nur nicht entkommen konnten.

Auch wenn man weiß, welch sensible und verletzliche Persönlichkeit sich hinter dem öffentlich gebotenen Schauspiel verbarg, stößt mir der autobiographische Song *Rehab* auch heute noch bei jedem Hören sauer auf. Da nützt es auch gar nichts, dass *Rehab* soundsoviel Auszeichnungen bekommen hat, darunter 2008 drei Grammys: "Record of the Year", "Song of the Year", und "Best Female Pop Vocal Performance".

Läuft der Song nebenher im Radio, versteht man ja immer nur die Refrainzeile, in der Winehouse betont, dass sie nicht in die „rehab", die Entzugsklinik, gehen werde und hofft insgeheim, dass *Rehab* noch eine andere, in den restlichen Zeilen versteckte, positive Message beinhaltet. Das Studieren des Liedtextes fördert aber erstaunlicherweise nichts dergleichen zu Tage. Im Gegenteil, die renitente Aussage des Refrains zieht sich durch den ganzen Song. Ich bin da übrigens ganz anderer Meinung. Sie hätte dringend in die "rehabilitation", gehen müssen - was sie einige Jahre später dann ja auch glücklicherweise getan hat. Denn mit ihren Drogenproblemen war sie ja nicht allein.

Nach Angaben des Bundesministeriums für Gesundheit konsumieren in Deutschland mehr als 9,5 Millionen Menschen Alkohol in gesundheitlich riskanter Form, 1,8 Millionen gelten als alkoholabhängig (4). Mindestens 74.000 Menschen sterben jährlich durch Alkoholkonsum, und die Folgen des Alkoholkonsums kosten die Volkswirtschaft 26,7 Milliarden Euro im Jahr (5). Noch ein paar Zahlen. Das durchschnittliche Einstiegsalter ins Rauchen liegt bei 14,8 Jahren (6). Im Jahr sterben ca. 120.000 Menschen an den Folgen des Tabakkonsums (7). Um die 2 Millionen junge Menschen in Deutschland konsumieren regelmäßig Cannabis, davon gelten

600.000 als abhängig. Bei Medikamentenabhängigen geht man von einer Zahl von 2,3 Millionen aus (8).

Da wirkt es geradezu wie Sarkasmus, dass ihr größter Erfolgssong von eben genau dieser Thematik handelt und ihre Renitenz und Dickköpfigkeit quasi feiert. Denn die Argumente gegen ihren Entzug, die sie im Songtext vorbringt sind durchweg typisch für Suchtkranke. Man verbirgt sich gern hinter den Einschätzungen seiner Umwelt, vor allem wenn sie in die eigene Wunschvorstellung passen; der Papa hält's ja auch nicht für so tragisch. Dann der Trugschluss, dass es ja eigentlich gar keine Sucht ist, sondern sofort abstellbar, wenn sich die Lebensumstände ändern. Außerdem ist die Sucht ja nun auch wieder nicht so schlimm, dass man 10 Wochen dafür opfern müsste. Und der Stolz! (9) Aber es ist nicht nur der Stolz, sondern auch Ignoranz, fehlende Einsicht und Sturheit.

Ich würde mir wünschen, dass ab und zu ein paar kritische Worte den Song begleiteten. Dass man den problematischen Inhalt thematisierte und versuchte, der komplexen Persönlichkeit der Amy Winehouse gerecht zu werden. Und dass man auf diese Weise denen, die ähnliche Probleme haben, klarmachen könnte, dass sich nicht helfen lassen der falsche Weg ist. Stattdessen trällert auch Jahre nach ihrem Tod noch unkommentiert ihr Ausredenliedchen aus den Lautsprechern. Ein schöner Song, sicherlich, aber mit einer fatalen Botschaft. Eigentlich hätte ich mir einen anderen Song von Amy Winehouse gewünscht: "I really wanna go to rehab, I wanna go, go, go!"

Alicia Keys: *Empire State Of Mind (Part II) Broken Down*

Die emotionale Hymne auf New York in drei verschiedenen Versionen

Alicia Keys' *Empire State Of Mind* über ihre Heimatstadt New York erinnert mich immer wieder an Herbert Grönemeyers Liebeserklärung an seine Heimatstadt Bochum. Vielleicht weil ich bei *Empire State Of Mind* zur Charakterisierung New Yorks ein ikonisches Saxophon erwarte, welches stattdessen aber als Soloinstrument auf Herbert Grönemeyers *Bochum* der Ruhrgebietsstadt den Glamour verleiht, den sie im Grunde gar nicht besitzt.

Ich frage mich dann, was wohl schwerer ist, einen guten Popsong über eine Stadt wie Bochum zu schreiben, was wohl vorher und nachher außer Grönemeyer niemand ernsthaft versucht hat, oder den x-ten Song über New York, eine Stadt, über die in Liedtexten eigentlich schon alles gesagt worden ist.

Wahrscheinlich ist beides gleich schwer. Und irgendwie sind beide Songs – Grönemeyers *Bochum* und Keys' *Empire State Of Mind* – gleich gut gelungen, da sie auf einer starken emotionalen Verbundenheit mit der Stadt beruhen und diese Verbundenheit in Text und Musik direkt und unverfälscht zum Ausdruck kommt.

Dabei stammt *Empire State Of Mind* gar nicht aus der Feder von Alicia Keys, sondern ist eine Komposition des New Yorker Songwriter-Duos Angela Hunte und Jane't „Jnay" Sewell-Ulepic. Die beiden verbrachten einige Zeit in London, wo sie aufgrund persönlicher Probleme Heimweh nach New York bekamen und beschlossen, einen Song über ihre Heimatstadt zu schreiben.

Als die beiden Songwriterinnen den Song fertig hatten, hofften sie dass der Rapper Jay-Z den Song aufnehmen würde. Dieser war im selben Haus in Brooklyn wie Angela Hunte aufgewachsen. Über einige Umwege begeisterte sich Jay-Z schließlich für den Song und beschloss *Empire State Of Mind* aufzunehmen. Jay-Z schrieb die Rap-Songteile selbst, übernahm also nicht Verse der originalen Komposition. Der Refrain wurde eins zu eins übernommen und lag von Angela Hunte selbst eingesungen vor. Obwohl Hunte eine gute Sängerin mit einer powervollen Stimme ist, beschloss man, dass jemand anderes den Refrain singen solle. Die Wahl fiel auf Alicia Keys.

Die fertige Aufnahme war ein großer kommerzieller Erfolg und hielt sich über fünf Wochen auf Platz 1 der US-amerikanischen Billboard Hot 100 Charts. Es war sicherlich nicht zuletzt dieser Erfolg, sicherlich aber auch die emotionale Verbundenheit mit New York, die Alicia Keys dazu bewog, eine einige Version des Songs zu schreiben und zu veröffentlichen. Dazu verwendete sie den Refrain des originalen Songs und schrieb die Melodie und den Liedtext der Strophen neu. Diese neue Version wurde Ende 2009 als *Empire State Of Mind Part II (Broken Down)* veröffentlicht.

Dadurch gibt es im Grunde drei verschiedene Versionen desselben Songs, die sich durch die unterschiedliche Gestaltung der Strophen voneinander unterscheiden. Vergleicht man Angela Huntes Original, das sie unter anderem bei der Verleihung der SESAC Pop Awards im Jahr 2015 zum Besten gab, mit der Version von Alicia Keys, so scheint Keys' Gestaltung der Strophen in der Tat die stärkere von beiden zu sein. Gründe dafür sind vor allem die hauptsächlich im Dreitonraum repetitiv angelegte Melodie von Hunte, die wenig Charakteristik entfaltet und die etwas einfach wirkende akkordische Klavierfigur (die im Übrigen auch als Grundlage für Jay-Z's Rapteile verwendet wurde). Alicia Keys' neue Melodie in den Strophen besitzt eine einfallsreichere und ausdrucksstärkere Melodie, die außerdem Raum lässt für den charakteristischen Klavierfill, der die Gesangspausen wirkungsvoll überbrückt und für Abwechslung sorgt.

Im Liedtext bauen Hunte und Keys mehrfach Verweise auf andere Songs und Songtexte über New York ein. Das beginnt schon beim Titel des Songs. Der US-Bundesstaat New York, an dessen südlichem Ende die Stadt New York liegt, wird oft auch volkstümlich „Empire State" genannt, wobei die Herkunft des Namens nicht ganz klar ist. Man findet den Zusatz „Empire State" auf den Nummernschildern von im Staat New York zugelassenen Autos, auch das Empire State Building leitet sich von diesem Namen ab. Der komplette Songtitel *Empire State Of Mind* nimmt außerdem Anleihe bei Billie Joels 1976 auf dem Album *Turnstiles* veröffentlichten Song *New York State Of Mind.* in diesem autobiographischen Song beschreibt Joel, wie er nach drei Jahren in Los Angeles wieder nach New York zurückkommt.

Nicht fehlen darf natürlich ein textlicher Verweis auf den wahrscheinlich berühmtesten Song, der jemals über New York geschrieben wurde: John Kander und Fred Ebbs *Theme From New York, New York* aus dem Musicalfilm *New York, New York* aus dem Jahr 1977. Dieser vor allem in der Version von Frank Sinatra unverwüstliche Klassiker legte New York als die Stadt fest, an der man sich messen muss, um überall sonst auch erfolgreich zu sein, was Keys relativ am Anfang ihrer ersten Strophe zitiert.

Der Beginn von *Empire State Of Mind* offenbart außerdem eine auffallende musikalische Parallele zu einer anderen Hymne auf New York: *A Heart In New York* von Art Garfunkel aus dem Jahr 1981. Beide Songs, Alicia Keys' Version von *Empire State Of Mind* und *A Heart In New York* beginnen auf exakt derselben hohen, lange ausgehaltenen Note, dem Quintton der Ausgangstonart. Bei Art Garfunkel ist es das „o" von New York", das gedehnt wird, bei Alicia Keys ist es ein dem Wort „New York" vorangestelltes „ooh". Interessant ist dabei, dass Art Garfunkel das Wort New <u>York</u> auftaktig vertont, also die Betonung auf „York" legt, während Alicia Keys „<u>New</u> York" singt, also die Betonung auf „new" setzt.

Die 2010er Jahre

Duck Sauce: *Barbra Streisand*

```
Wir fahren mit der Bimmelbahn stark augenzwinkernd nach
New York.
```

Es würde mich im Grunde schon mal interessieren, wer den "Ohrwurm" eigentlich erfunden hat (nicht die Schweizer, hoffe ich). Der Ohrwurm ist ein geniales Bild für eine Melodie, die sich wie ein kleiner Wurm in die Gehörgänge fräst, um da nie wieder herauszukommen. Ob dieser kleine Wurm auch in anderen Sprachen existiert? Das Englischlexikon wirft tatsächlich unter Ohrwurm "earwig" aus! Ob man das glauben soll? Wahrscheinlich würde "a catchy phrase" oder "a catchy tune" der Sache näherkommen.

Heinz Huth hat auf jeden Fall den perfekten Ohrwurm geschrieben. Es ist eigentlich nur eine kurze Melodiephrase aus 12 Tönen. Und weil sie so perfekt ist, braucht sie auch keinen Text, ein simples uhuhuhu huhuhu huhuhu huhu reicht aus. Der Rest des Songs, der um diesen Ohrwurm rumgebaut ist, heißt *Hallo Bimmelbahn* und erschien 1973 auf Langspielplatte. Die Band hieß "Nighttrain" (vielleicht eine freie Übersetzung für Bimmelbahn?) und bestand neben Heinz Huth (Gesang und Gitarre) noch aus seinem Bruder Jürgen (Schlagzeug). Produziert wurde der Song von Michael Holm, den man aus der Zeit damals noch als Schlagerstar kennt. Tja, aber nach *Hallo Bimmelbahn* würde heute kein Hahn mehr krähen, wenn da nicht dieser Ohrwurm wäre.

Dass man aus der Ohrwurm-Melodie mehr machen kann als einen Song mit etwas peinlichem Titel, erkannte Frank Farian, einer der erfolgreichsten Produzenten im Deutschland der 1970er Jahre. Er hatte mit Boney M das Projekt gestartet, mit dem sein Name auch heute noch verbunden wird. Für diese Formation, die ja bekanntlich hauptsächlich gut aussehen musste - man schrieb das Zeitalter des

Vollplayback - war er immer auf der Suche nach gutem Material. Und schwupps, aus *Hallo Bimmelbahn* wurde *Gotta Go Home*. Das Original ist dabei im Grunde nicht verändert, nur der Refrain "gotta go home" wurde dazu komponiert. Die Brüder Huth dürften nichts dagegen gehabt haben, wurden sie doch als Urheber in der neuen Version korrekt mit aufgenommen, was die Kasse klingeln lässt.

Doch wir sind noch nicht am Ende dieser kleinen Zeitreise. Gut 20 Jahre später schlenderte Armand van Helden, ein junger DJ, über den Broadway und stöberte in einem Laden in alten DVDs weil er Musikvideos sammelt. Dabei stieß er auf eine DVD mit 60 Disco Musik Videos, darunter auch das besagte von Boney M. (1)

Armand van Helden bildet zusammen mit Alain Macklovitch, genannt A-Trak, das Duo Duck Sauce. Sie produzieren Dancefloor Tracks. Beim Anhören des historischen Boney M-Songs fraß sich der gute alte Ohrwurm auch in van Heldens und A-Traks Gehörgang und steckte fest. So sampleten die beiden das Tierchen. Wie es sich für DJs gehört, ließen sie den ganzen Schnickschnack, sprich alles was bei Boney M gesungen wurde, weg und bauten den kompletten Song auf der Ohrwurm-Phrase auf. Wobei die beiden den Ohrwurm Sing-a-long nannten. Und sie waren sich nicht ganz sicher, ob das alles eine so gute Idee war, denn sie fanden den Sing-a-long-Ohrwurm zu Beginn etwas *„silly"* und *„dumb"*, gleichzeitig aber auch irgendwie *„catchy"*. (2)

Das gute alte deutsche Liedgut *"silly"* und *"dumb"*? Da musste dann was wirklich Intelligentes her. Wie wäre es zum Beispiel mit etwas Gesprochenem? Nur, was? A-Trak erinnert sich, dass man etwas Blödes sagen wollte. (3) Aha. *„It went from that to "Say someone's name.""* (4) Ok. Aber wer? Und wer jetzt erwartet, dass hier endlich die wahren Zusammenhänge zwischen Bimmelbahn, Boney M und Barbara Streisand enthüllt werden, der wird leider gleich gnadenlos enttäuscht werden, denn:

"*Then Armand had a moment where he was like, "I got it! We gotta say someone's name, someone in music, who has nothing to do with this." And that led us to Barbara Streisand.*" (5)

Das Leben kann manchmal so ernüchternd sein.

Cee Lo Green: *Fuck You a.k.a. Forget You*

Die gezielte Provokation: Cee Lo Green, youtube und das
berühmt-berüchtigte f-Wort

Jeder, der die brillante englische Komödie *Four Weddings And A Funeral*, zu deutsch *Vier Hochzeiten und ein Todesfall* je gesehen hat, der wird sich an die Szenen des Films erinnern, wenn Charles, gespielt von Hugh Grant, und Scarlett komplett verschlafen. Sie werden aber dringend bei einer Hochzeitsfeier erwartet. In den folgenden Filmsequenzen - beim verzweifelten Versuch den Rückstand wieder aufzuholen - reduziert sich der Dialog größtenteils auf ein Wort, das berühmte f-word, mit dem alles, was aufgrund der Hektik wieder schiefgeht, kommentiert wird. Gekrönt wird das ganze im Film dann von der durchaus als Steigerungsform interpretierbaren Variante "fuckety-fuck".

Diese Szenen mussten im Übrigen für den amerikanischen Markt komplett neu gedreht werden (6), um eine entsprechende Freigabe des Films zu erhalten. Eine Neusynchronisation wurde verworfen, weil man das "fuck" immer noch auf den Lippen ablesen hätte können. Man ersetzte das f-Wort durch harmlosere Ausdrücke wie "blimey" oder "crumbs". Dass in den USA schlimme Ausdrücke wie die "seven dirty words" (7), zu denen auch „fuck" gehört, nicht in die falschen Ohren gelangen, dafür sorgt eine spezielle Behörde, die Federal Communications Commission (FCC). Sie wacht über die Sendeanstalten und verhängt bei Nichtbeachtung saftige Geldstrafen, die wegen ihrer Höhe für kleinere Sendeanstalten durchaus existenzbedrohend sein können. Die Sender geben diesem Druck nach, manche zensieren sogar aus eigenen Stücken oder nehmen Titel aus dem Programm, aus der puren Angst, verklagt zu werden und zahlen zu müssen.

Insofern war das Auftauchen von Cee Lo Greens Musikvideo *Fuck You*, das am 19. August 2010 im Internet auf youtube veröffentlicht wurde, eine spannende Sache. Das Flash-Video wurde innerhalb einer Woche mehr als drei Millionen Mal abgerufen. (8) Wobei es doch fraglich ist, ob dies nur wegen der vermeintlichen Provokation durch den vulgären Ausdruck so war. Sicher, eine gezielte Provokation war schon immer ein Garant für Aufmerksamkeit, allerdings muss dann das Produkt auch halten, was die Provokation versprach. Und das ist in diesem Fall so. Der Song ist definitiv gut gemacht - ein funkiger Groove mit aktuellen Sounds, ein Schuss Motown und Greens über allem schwebende, charakteristische Stimme - und besitzt definitiv Hitqualitäten.

Und, nicht zu vergessen, es gibt einen weiteren Grund: das Video. Es war zunächst nur ein kurzfristig zurechtgezimmerter Platzhalter, der in nur einer Nacht entstanden ist, wie der verantwortliche Grafikdesigner, Terry Scruby, verrät. (9) Wahrscheinlich ist es gerade die vermeintliche Einfachheit der Schrift vor den einfarbigen, wechselnden Hintergrundflächen, die für den besonderen Reiz des Videos sorgt. Vielleicht auch, dass gerade bei einem Song, der mit der sprachlichen Provokation spielt, dies in übergroßen Lettern auch noch vom Bildschirm springt.

Man nennt die Machart des Videos auch "motion typography" oder "kinetic typography". Dazu werden die Worte im Rhythmus der Sprache oder der Musik animiert. Dies geschieht meist in plakativen Großbuchstaben unterschiedlicher Größe und vor farbigem Hintergrund, auf die die virtuelle Kamera zu- oder wegzoomt, sich buchstäblich in die Worte hineinbeamt, die Buchstaben abfährt, sie dreht und viele andere Effekte beinhaltet. Das Video zu *Fuck You* ist in dieser Hinsicht - wie Terry Scruby ja selbst erwähnt - wahrlich nicht besonders ausgecheckt, beeindruckt aber trotz alledem durch die Koordination von Rhythmus und visueller Gestaltung, durch die Refraineffekte und durch einige witzige Details wie die lang gezogenen oooohs.

Nach dem Interneterfolg war es nun durchaus spannend, ob Ceelo Green von *Fuck You* einen Radio Edit für die offiziellen Medien veröffentlichen würde, und wenn, wie dieser gestaltet sein würde.

Das Ergebnis dürfte bekannt sein, da dieser Radio Edit auch im deutschen Radio inzwischen verstärkt gespielt wird. Die Lösung ist eigentlich genial einfach. Man ersetze das eine f-Wort durch das nächste - aus "fuck you" wird "forget you". Eigentlich eine Form dessen, was der Engländer als "minced oath" bezeichnet - einen abgeschwächten Fluch (ein typisches Beispiel wäre "what the heck" statt "what the hell").

Wo man schon mal dabei war, bzw. auch wegen der FCC, sind der Zensur gleich auch noch die anderen Slangausdrücke zum Opfer gefallen. "shit" wird beim Radio-Edit zu „ssh", wobei man hier regelrecht das Augenzwinkern der Musiker und Produzenten fühlt, steht das "ssh" im Englischen doch für unser deutsches "psst". Aber auch der „nigga" hat die Säuberungsaktion nicht überlebt und wurde einfach weggeblendet, was sicher die unkreativste Lösung von allen war.

Fuck You ist auch ein Lehrstück über die Möglichkeiten des Internet. Die üblichen Vermarktungsmechanismen sind hier völlig außer Kraft gesetzt, der Titel verbreitet sich über die kostenlose youtube-Plattform quasi von selbst und erreicht nur durch Mund-zu-Mund-Propaganda enorme Zugriffszahlen. Dazu muss das Gesamtpaket natürlich stimmen, was im Falle von Cee Lo Green passt. Zuerst einmal außen vor sind bei diesem Modell die Plattenfirmen, die bisher die klassische Vermarktung übernommen und dabei gute Gewinne abgeschöpft haben. Allerdings ist Warner beim Radio Edit und beim Album *Lady Killer* mit im Boot und profitiert somit durch die kostenlose Promotion durch die youtube-Version. Trotzdem sollte das ein Warnsignal für die großen Konzerne sein: nicht sie bestimmen, was der Hörer will, sondern der Hörer selbst.

Anmerkungen

Die 1950er Jahre

(1) Zitiert nach: Barry Graves/Siegfried Schmidt-Joos, *Das neue Rocklexikon* Band 1, Rowohlt, 1973, S. 337.

(2) Zitiert nach: Leopold, Todd. *The 50-year-old song that started it all.* http://edition.cnn.com/2005/SHOWBIZ/Music/07/07/haley.rock/. Abgerufen am 9.2.2020.

(3) Zitiert nach: *Legenden: Elvis.* SWR Fernsehen, 2000.

(4) Leiber, Jerry; Stoller, Mike. *Hound Dog* [Liedtext]. Universal/MCA Music Publishing GmbH.

(5) Zitiert nach: Songwriter Jerry Leiber Dies at 78. Rolling Stone. https://www.rollingstone.com/music/music-news/songwriter-jerry-leiber-dies-at-78-246231/. Abgerufen am 9.2.2020.

(6) Zitiert nach http://en.wikipedia.org/wiki/Elvis_Presley. Abgerufen am 9.2.2020.

(7) ebda.

Die 1960er Jahre

(1) King, Martin Luther Jr. *I have a dream* [Rede] (1963). The Estate of Martin Luther King Jr.

(2) ebda.

(3) zitiert nach: https://de.wikipedia.org/wiki/Surfin'_U.S.A._(Lied). Quelle: Gold, Todd und Wilson, Brian: *Wouldn't It Be Nice: My Own Story*, Harpercollins, 1991. Abgerufen am 9.2.2020.
Die GEMA listet als Textdichter Brian Douglas Wilson. Somit müssen die Recht am Liedtext wieder zu Brian Wilson zurückgekommen sein. Die Informationen, wann und in welchem Zusammenhang das geschah, sind nicht einheitlich.

(4) Wilson, Brian Douglas. *Surfin' U.S.A.* [Liedtext]. Good-Tunes-Music AG

(5) Auf seiner Seite www.beathoven.com argumentiert Ian Hammond, dass das Vorbild für *Yesterday Georgia On My Mind* von Hoagy Carmichael in der Version von Ray Charles sein muss. Es ist allerdings weniger die Melodie, die übereinstimmt, als vielmehr die Harmonien. Leider hat Ian Hammond seine Seite seit einigen Jahren nicht mehr im Netz. Es gibt aber immer wieder andere Internet-User, die

die Inhalte seiner Seite veröffentlichen und sie so der Internet-Gemeinde zugänglich halten. Insofern ist eine Internetsuche immer lohnenswert.

(6)   *Beatles Anthology*. Ullstein, München, 2000, S. 175

(7)   ebda.

(8)   ebda.

(9)   Weber, Bruce. *Paul Tanner, Musician With „Good Vibrations" Dies at 95*. https://www.nytimes.com/2013/02/09/arts/music/paul-tanner-musician-with-good-vibrations-dies-at-95.html. Abgerufen am 19.3.2020.

(10)   https://en.wikipedia.org/wiki/Our_World_(1967_TV_program). Abgerufen am 09.02.2020.

(11)   *Beatles Anthology*, Ullstein, München, 2000, S. 257

(12)   *Our World* Fernsehsendung vom 25.06.1967. Quelle: https://www.youtube.com/watch?v=YDdxj8geUMs. Abgerufen am 09.02.2020.

(13)   Zitiert nach: *The Beatles Anthology*. Ullstein, 2000, S. 242.

(14)   ebda.

(15)   Zitiert nach: Turner, Steve. *A Hard Day's Write. The Stories behind every Beatles Song*. Carlton Books, 1994, S. 123.

(16)   Zitiert nach: *The Beatles Anthology*. Ullstein, München, 2000, S. 242.

(17)   zitiert nach einem Interview mit Gary Brooker, 1990 geführt von Carsten Overgaard and Niels-Erik Mortensen. Nachzulesen unter http://www.procolharum.com/niels_4.htm. Abgerufen am 9.2.2020.

(18)   Victory for Whiter Shade organist http://news.bbc.co.uk/2/hi/entertainment/8176352.stm. Abgerufen am 28.12.2019

(19)   Procol ex-organist plays in court http://news.bbc.co.uk/2/hi/entertainment/8176352.stm. Abgerufen am 28.12.2019

(20)   Victory for Whiter Shade organist, ebda.

(21)   Beatles Anthology, S. 242

(22)   Bean, Julian B. Joe Cocker: durch die Hölle zum Erfolg "With a little help from my friends". Heyne, 1994, S. 83.

(23)   ebda.

(24)   Simmons, Sylvie. *The Eyes have it.* https://www.theguardian.com/books/2001/feb/02/culture.features.

Abgerufen am 15.02.2020.

(25)   ebda.

Die 1970er Jahre

(1)   Schultz, Barbara. Classic Tracks: Bill Withers „Ain't no sunshine".
      https://www.mixonline.com/recording/classic-tracks-bill-withers-ain-
      t-no-sunshine-367580. Abgerufen am 9.2.2020.

(2)   Zitiert nach: Davis, Clive. *Bye, bye Miss American Pie: Singer reveals
      meaning behind iconic hit.*
      https://www.express.co.uk/entertainment/music/568345/Singer-Don-
      McLean-reveals-meaning-iconic-hit-American-Pie. Abgerufen am
      9.2.2020.

(3)   Kutz, Steven. *„American Pie" singer Don McLean has made $150 million
      in his career – here's how he invested it.* 30.3.2019.
      https://www.marketwatch.com/story/american-pie-singer-don-
      mclean-has-made-150-million-in-his-career-heres-what-hes-done-
      with-it-2019-03-25. Abgerufen am 22.03.2020.

(4)   ebda.

(5)   ebda.

(6)   Songs and Hymns of the Gael
      https://archive.org/details/songshymnsofgael00macb/page/n6. Abge-
      rufen am 30.12.2019.

(7)   The Rick Wakeman Interview, 13.09.2012.
      http://www.stuff.co.nz/entertainment/blogs/blog-on-the-
      tracks/7667636/The-Rick-Wakeman-Interview. Abgerufen am 9.2.2020.

(8)   Glover, Roger. The Making of "Machine Head":
      http://www.thehighwaystar.com/interviews/glover/rg_mh.html. Ab-
      gerufen am 30.12.2019.

(9)   Bloom, Harold. DEEP PURPLE + 1 FIRE + 12 MATTRESSES =
      "MACHINE HEAD"
      https://www.thehighwaystar.com/rosas/mh25/circus.html. Abgerufen
      am 30.12.2019.

(10) Blackmore, Richard, et al. *Smoke On The Water* [Liedtext]. EMI Music
      Publishing Germany GmbH.

(11) Elton John and Bernie Taupin Look Back At 'Goodbye Yellow Brick
      Road' - Rolling Stone. http://www.rollingstone.com/music/news/elton-

john-and-bernie-taupin-look-back-at-goodbye-yellow-brick-road-20140314. Abgerufen am 9.2.2020.

(12) ebda.

(13) ebda.

(14) ebda.

(15) O'Haire, Patricia. *A killer of a song*. In: New York Daily News, 5. April 1973. Quelle: http://www.charlesdonovan.com/2013/02/15/killing-her-softly-the-trials-and-triumphs-of-lori-lieberman. Abgerufen am 01.01.2020.

(16) ebda.

(17) Zitiert nach: ebda.

(18) Macintosh, Dan. *Songwriter Interviews. Charles Fox.* https://www.songfacts.com/blog/interviews/charles-fox. Abgerufen am 01.01.2020.

(19) Zitiert nach: Donovan, Charles. *Killing Her Softly - The Trials and Triumphs of Lori Lieberman.* 16.4.2013. http://www.charlesdonovan.com/2013/02/15/killing-her-softly-the-trials-and-triumphs-of-lori-lieberman. Abgerufen am 01.01.2020.

(20) ebda.

(21) Harris, John: *„Dark Side" at 30: Roger Waters. A brainchild born of insanity.* https://web.archive.org/web/20091014133943/http://www.rollingstone.com/artists/pinkfloyd/articles/story/5937470/dark_side_at_30_roger_waters. Abgerufen am 01.01.2020.

(22) Young, Neil. *Southern Man* [Liedtext]. Melodie der Welt GmbH & Co KG.

(23) King, Edward C.; Rossington, Gary; Vanzant, Ronald W. *Sweet Home Alabama* [Liedtext]. Universal/MCA Music Publishing GmbH, EMI Music Publishing Germany GmbH.

(24) https://www.songfacts.com/facts/neil-young/southern-man. Abgerufen am 01.01.2020.

(25) http://www.songfacts.com/blog/interviews/randy_bachman/. Abgerufen am 9.2.2020.

(26) https://www.superseventies.com/sw_youaintseennothinyet.html. Abgerufen am 9.2.2020.

(27) https://www.stutteringhelp.org/btos-song-unique. Abgerufen am 9.2.2020.

(28) Cunningham, Mark. *Roy Thomas Baker & Gary Langan: The Making Of Queen's 'Bohemian Rhapsody'. An Interview.*Oktober, 1995. https://web.archive.org/web/20150912000231/http://www.soundonsound.com/sos/1995_articles/oct95/queen.html. Abgerufen am 9.2.2020.

(29) ebda.

(30) ebda.

(31) Quelle: Auswärtiges Amt https://www.auswaertiges-amt.de/de/aussenpolitik/laender/jamaika-node/jamaikasicherheit/226490. Abgerufen am 01.01.2020.

(32) https://de.wikipedia.org/wiki/Jamaika#Bevölkerung. Abgerufen am 01.01.2020.

(33) http://de.wikipedia.org/wiki/Rastafari. Abgerufen am 01.01.2020.

(34) Edmonds, Ennis B. *Rastafari: A Very Short Introduction.* Oxford: Oxford University Press, 2012, S. 71.

(35) BBC Radio 4. Soul Music. Baker Street Episode 13. http://www.bbc.co.uk/programmes/b01b9jp0. Abgerufen am 02.01.2020.

(36) http://www.telegraph.co.uk/culture/music/rockandpopfeatures/8241031/I-was-paid-27-for-Baker-Street-sax-solo.html. Abgerufen am 02.01.2020.

(37) Gerry Rafferty in einem Interview mit Colin Irwin, 1988. Zitiert nach https://live.wdrv.com/listen/artist/563201cb-721c-4cfb-acca-c1ba69e3d1fb?slide=1. Abgerufen am 02.01.2020.

(38) http://www.cbs8.com/story/10928307/school-shooter-brenda-spencer-denied-parole. Abgerufen am 24.7.2019.

(39) https://www.youtube.com/watch?v=xSFIPcwqGvw. Abgerufen am 02.01.2020.

Die 1980er Jahre

(1) Filmische Dokumentation mit dem Titel *Stevie Wonder.* Genauere Quellenangaben aufgrund von unvollständiger VHS-Kopie nicht möglich.

(2) Wonder, Stevie. *Happy Birthday* [Liedtext]. EMI Music Publishing Germany GmbH

(3) ebda.

(4) Filmische Dokumentation mit dem Titel *Stevie Wonder,* ebda.

(5) McBroom, Amanda. How „The Rose" came to be.

https://amcbroom.com/about/the-rose. Abgerufen am 02.01.2020.

(6)   O'Keefe, Danny. *Magdalena* [Liedtext]. 1976. Verlag nicht eruiert.

(7)   McBroom, Amanda. How „The Rose" came to be, ebda.

(8)   Flans, Robyn. *Classic Tracks: Toto's Africa* https://www.mixonline.com/recording/classic-tracks-totos-africa-375305. Abgerufen am 03.01.2020.

(9)   Sattar, Rohit. *Beat it.* http://satrohraj-mj.blogspot.com/2007/06/beat-it.html. Abgerufen am 03.01.2020.

(10)   SWR1 Leute mit Peter Schilling vom 15.02.2006.

(11)   Bowie, David. *Space Oddity* [Liedtext]. Essex Musikvertrieb GmbH.

(12)   Schilling, Pierre. *Major Tom* [Liedtext]. Peer Musikverlag GmbH.

(13)   ebda.

(14)   Bowie, David. *Space Oddity* [Liedtext]. Essex Musikvertrieb GmbH.

(15)   Lindenberg, Udo. *Sonderzug nach Pankow* [Liedtext]. EMI Partnership Musikverlag GmbH.

(16)   https://www.bstu.de/informationen-zur-stasi/themen/beitrag/udo-lindenberg-ost-berlin-und-die-stasi-akten/. Abgerufen am 07.01.2020.

(17)   ebda.

(18)   ebda.

(19)   https://www.bstu.de/assets/bstu/de/Publikationen/dh_04_udo-rockt-fuer-den-weltfrieden_lindenberg_barrierefrei.pdf. Abgerufen am 07.01.2020.

(20)   https://www.stasi-mediathek.de/medien/information-zur-reaktion-des-publikums-waehrend-des-konzerts-von-udo-lindenberg/blatt/102/. Abgerufen am 07.01.2020.

(21)   Springsteen, Bruce. *Born In The U.S.A.* [Liedtext]. Universal Music Publishing GmbH.

(22)   Springsteen, Bruce. *Born to run.* Heyne, 2016.

(23)   Hewson, Paul David et al. *Pride* [Liedtext]. Universal Music Publishing GmbH.

(24)   King, Martin Luther Jr. *I have a dream* [Rede] (1963). The Estate of Martin Luther King Jr.

(25)   Cameron, Keith. *'I feel caught between the bootboy and the ponce' (Part two).* In: NME, 15. März 1997. Zitiert nach: https://www.atu2.com/news/i-feel-caught-between-the-bootboy-and-the-ponce-part-two.html. Abgerufen am 09.01.2020.

(26) ebda.

(27) Hewson, Paul David et al. *Pride* [Liedtext]. Universal Music Publishing GmbH.

(28) Michaels, Sean. *Dire Straits' Money for Nothing banned on Canadian radio.* https://www.theguardian.com/music/2011/jan/17/dire-straits-money-nothing-banned. Abgerufen am 10.01.2020.

(29) ebda.

(30) Zitiert nach: Michaels, Sean. *Dire Straits' Money for Nothing banned on Canadian radio.* Ebda.

(31) Bolland, Ferdinand D.; Bolland, Robert J.; Hölzel, Johann. *Rock Me Amadeus* [Liedtext]. Neue Welt Musikverlag GmbH.

(32) Shapiro, Bat und Henthoff, Nat. "Hear me talkin' to ya". The Classic Story of Jazz as Told by the Men Who Made It", 1955, S. 195-196.

(33) https://web.archive.org/web/20070309130144/http://www.suzannevega.com/Features/TomsDinerDay.htm. Abgerufen am 9.2.2020.

(34) ebda.

(35) Vega, Suzanne. *Tom's Diner* [Liedtext]. Neue Welt Musikverlag GmbH.

(36) https://www.memphisflash.de/2013/08/gladys-love-presley-in-memoriam/. Abgerufen am 19.01.2020.

(37) Legenden: Elvis Presley.

Die 1990er Jahre

(1) http://www.abendblatt.de/vermischtes/journal/thema/article1210581/Der-Wende-Hit.html. Abgerufen am 19.01.2020.

(2) ebda.

(3) Cohn, Marc. *Walking In Memphis* [Liedtext]. Sony/ATV Music Publishing (Germany) GmbH.

(4) Song Stories: Walking in Memphis. https://www.keyboardmag.com/artists/song-stories-walking-in-memphis. Abgerufen am 25.01.2020.

(5) Cohn, Marc. *Walking In Memphis* [Liedtext]. Sony/ATV Music Publishing (Germany) GmbH.

(6) Ray Heffernan talks about „Angels". https://www.youtube.com/watch?v=yPJZz86Wdgk. Abgerufen am 27.01.2020.

(7) ebda.

(8)   ebda.

(9)   Zitiert nach:
       https://ipfs.io/ipfs/QmXoypizjW3WknFiJnKLwHCnL72vedxjQkDDP
       1mXWo6uco/wiki/Angels_(Robbie_Williams_song).html. Abgerufen
       am 27.01.2020

(10)   Zitiert nach: http://www.songfacts.com/detail.php?id=3765. Abgerufen am 27.01.2020.

(11)   Williams, Robbie. *Angels* [CD-Single UK]. Liner Notes. Chrysalis Records, 1997.

(12)   Quelle: http://de.wikipedia.org/wiki/I'll_Be_Missing_You. Abgerufen am 27.01.2020.

(13)   http://www.bizjournals.com/nashville/stories/2000/09/25/daily12.html. Abgerufen am 27.01.2020.

(14)   http://www.celebritynetworth.com/articles/entertainment-articles/fun-fact-sting-makes-2000-royalties-every-day-every-breath-take/. Abgerufen am 27.01.2020.

(15)   Zitiert nach: http://ultimateclassicrock.com/police-puff-daddy-rip-off. Abgerufen am 27.01.2020.

Die 2000er Jahre

(1)   http://www.mixedup.com/elvissongs.htm. Abgerufen am 27.01.2020.

(2)   https://www.robbiewilliams.com/music/single/advertising-space. Abgerufen am 27.01.2020.

(3)   https://www.youtube.com/watch?v=E-s5Z3vkS7Q&feature=youtu.be&list=FLf-DCpYUwXmY4I2tAkL1D4Q&t=215. Abgerufen am 27.01.2020.

(4)   https://www.bundesgesundheitsministerium.de/themen/praevention/gesundheitsgefahren/sucht-und-drogen.html. Abgerufen am 27.01.2020.

(5)   https://www.bundesgesundheitsministerium.de/service/begriffe-von-a-z/a/alkohol.html. Abgerufen am 27.01.2020.

(6)   https://www.rauchfrei-info.de/informieren/verbreitung-des-rauchens/raucherquote-bei-kindern-jugendlichen/. Abgerufen am 27.01.2020.

(7)   https://www.bundesgesundheitsministerium.de/service/begriffe-von-a-z/r/rauchen.html. Abgerufen am 27.01.2020.

(8)   https://www.bundesgesundheitsministerium.de/themen/praeventio
n/gesundheitsgefahren/sucht-und-drogen.html. Abgerufen am
27.01.2020.

(9)   Winehouse, Amy Jade. *Rehab* [Liedtext]. EMI Music Publishing
Germany GmbH.

Die 2010er Jahre

(1)   Zitiert nach: Patel, Puja. Q&A: A-Trak and Armand Van Helden Talk
(and Talk and Talk) Duck Sauce, "Barbra Streisand," and Doing Kara-
oke   With   Vampire   Weekend's   Ezra   Koenig.   13.10.2010.
https://www.villagevoice.com/2010/10/13/qa-a-trak-and-armand-van-
helden-talk-and-talk-and-talk-duck-sauce-barbra-streisand-and-
doing-karaoke-with-vampire-weekends-ezra-koenig/. Abgerufen am
10.2.2020.

(2)   ebda.

(3)   ebda.

(4)   ebda.

(5)   ebda.

(6)   https://de.wikipedia.org/wiki/Vier_Hochzeiten_und_ein_Todesfall.
Abgerufen am 27.01.2020.

(7)   https://de.wikipedia.org/wiki/Seven_Dirty_Words. Abgerufen am
27.01.2020.

(8)   http://edition.cnn.com/2010/TECH/web/08/30/cee.lo.song.video/ in-
dex.html. Abgerufen am 27.01.2020.

(9)   http://www.nytimes.com/2010/08/30/business/media/30link.html.
Abgerufen am 27.01.2020.

Personenregister

Songs alphabetisch

Bestimmte und unbestimmte Artikel bleiben unberücksichtigt.

Interpreten alphabetisch

Interpreten sind alphabetisch nach Vornamen, bzw. dem ersten Wort des Bandnamens gelistet. Bestimmte oder unbestimmte Artikel bei Bandnamen bleiben unberücksichtigt.